JN156353

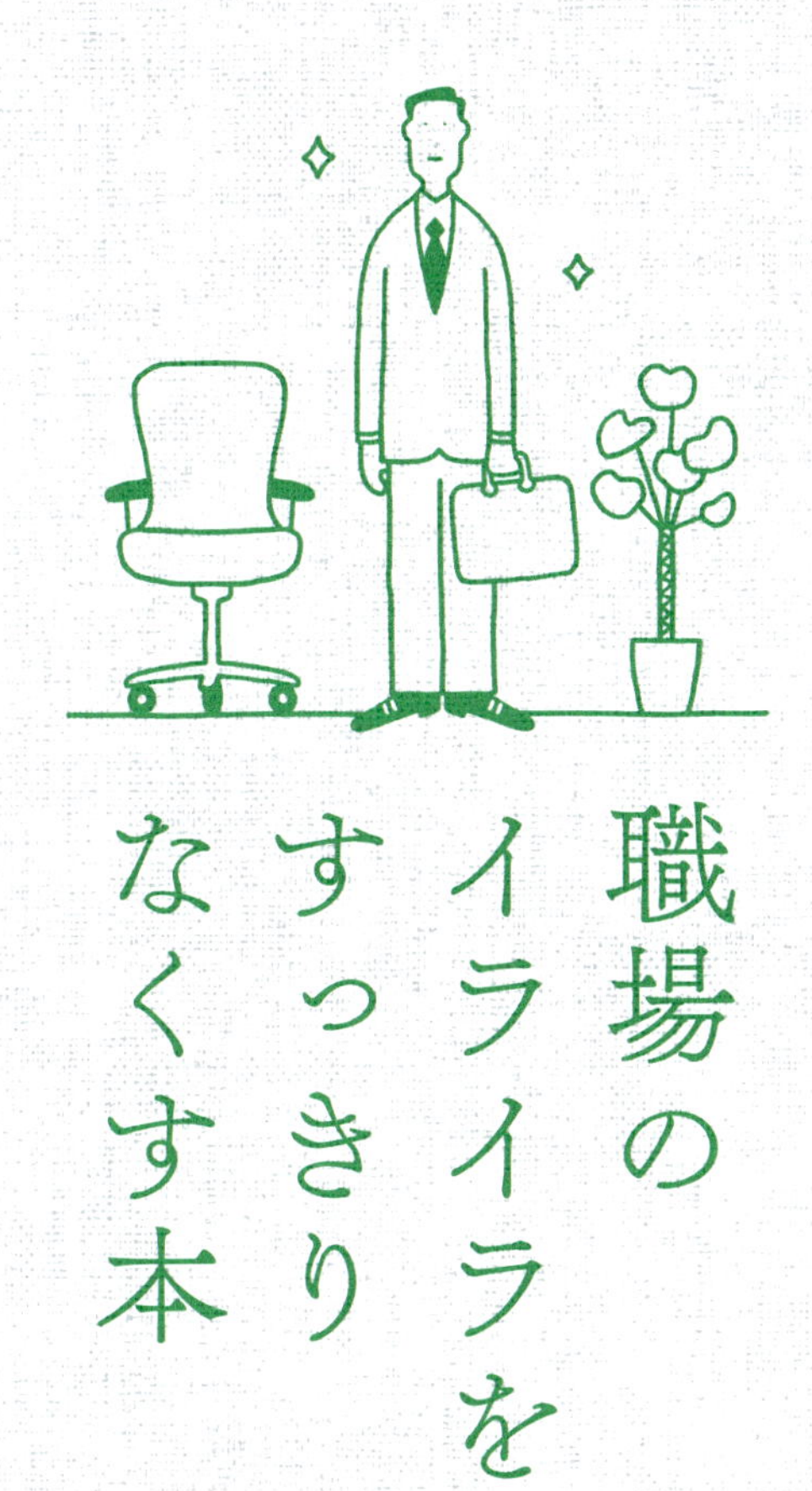

職場のイライラをすっきりなくす本

植西 聰

Akira Uenishi

ウェッジ

――まえがき

働く人は日々、仕事に追われています。大きな仕事の重圧から、心にゆとりがなくなっていることもあるかもしれません。

それだけならまだしも、長い時間を過ごす職場では、理不尽な指示をする上司、ソリが合わない同僚、言うことを聞かない部下、身勝手な要求を迫ってくる取引先……といった対人関係の悩みまでのしかかってきます。

そのせいか、

「ちょっとしたことで、すぐにイライラしてしまう」

「イライラが止まらなくなることがよくある」

という人が増えました。どこか追いつめられた心境で仕事をしている人が多いのだろうと思います。

イライラしてしまうという人は、基本的に、仕事熱心な人が多いようです。

まじめに、誠実に、一生懸命に仕事をしている人です。

「もっと活躍したい。もっと成功したい」という願望を抱いて、熱意を持って仕事に取り組んでいる人です。

そのような人たちは、表面的には明るく、穏やかな表情を見せながらも、内心ではイライラする気持ちを抱え込んでいるようです。

しかし、いつも「イライラした気持ち」を抱きながら仕事をしていくのは、決してよいことではありません。


イライラは、その人から集中力を奪っていきます。

イライラは、その人から仕事への意欲を奪い去っていきます。

そして、仕事の実績が思うように伸びなくなり、職場での存在感も発揮できなくなることもあります。

そうなると、さらにイライラが募っていき、ちょっとしたことで感情が爆発してしまうことになりかねません。

無理をしてがんばろうとすれば、それは大きなストレスになります。向かい風に向かって、がんばってより速く進んでいこうとすればするほど、風の抵抗を強く感じるようなものです。

うっかりイライラを表面に出してしまおうものなら、

「あの人は感情的な人だ。なんだかめんどくさい」

と精神的に未熟な人とみなされ、自分の評価を落とすだけではなく、信頼関係に傷をつけてしまいかねません。家族などの親しい間柄なら修復の機会が望めますが、仕事がらみは致命的です。

そしてだんだん仕事へのモチベーションが低下し、自信を失っていき、心まですさんでいきます。

ですから、「ちょっとしたことでイライラしがちだ」と自覚症状が出たときには、できるだけ早く対策を講じるのが賢明です。

本書は、さまざまな角度から、「イライラをなくす」「イライラしない」方法を解説しています。

何より大切なのは、仕事への熱意と心の健康を保ちながら、がんばりすぎずにイライラをなくしていくことです。

この本を読むことで少しでもイライラが解消されれば幸いです。

植西　聰

目次

第2章　寛容な気持ちを持って人とつき合う

第3章 人を変えるより、自分が変わる

第4章 悲観主義を捨てて、楽観的になる

第5章 「完璧主義」と「うぬぼれ」を捨てる

第6章 現状を客観視する習慣を持つ

第7章 平常心を保つトレーニングをする

第8章 時間の使い方にゆとりを持つ

第9章　今に満足する気持ちを持つ

第1章

イライラは 幸せをじゃましている

1

chapter

1

「イライラ」は、できるだけ早く消し去る

どこの職場も一見、和気あいあいと、和(なご)やかな雰囲気に包まれているように見えることでしょう。

しかしそれは表面的なものであって、実際には、心の中にイライラした感情や、今にも爆発してしまいそうな怒りや、はけ口のない強い欲求不満を感じていて、社員同士が協力できない状態になってしまっているところが多いようです。

イライラする理由にはさまざまなものがあります。

思うように業績があがらない、上司や先輩に認めてもらえないという理由もあるでしょう。

職場の人間関係がストレスになっていることもあると思います。

また、周りの人たちのイライラした様子を見ているうちに、自分もイライラした気

持ちになってくることもあるでしょう。

しかし、そのような「イライラ」をそのまま放置しておくのはよいことではありません。その**イライラのために仕事への集中力を失う**ことになるからです。

集中力を失うと、つまらないミスなどをして上司や取引先から信頼を損ねるだけではなく、仕事の効率が低下し、一層成果を出せなくなってしまいます。

また、**ネガティブな雰囲気はすぐ伝染しますから、組織全体に悪い影響を及ぼしかねません。**

したがって、イライラの感情は、できるだけ早く解消するのが得策です。

仕事の場では落ち着いた気持ちでいてこそ、もっともよい成果をあげることができるのです。

イライラを放置していると、仕事の効率が下がる。

2 能力がある人ほど、イライラしやすい

会社は競争社会です。

「誰よりも大きな業績をあげたい」「私が一番の出世頭になりたい」と社員それぞれが目標を持ち、切磋琢磨している会社もあるでしょう。

このような状況の中で、有能で才能がある人ほど、「もっと出世したい。もっと収入を増やしたい」という強い欲望にとりつかれてしまうことがあります。

有能で才能がある人はチャンスにも恵まれることが多いのですが、あまり強い欲望を持ちすぎてしまうと日々の生活の中でイライラが止まらなくなることがあります。

たとえば、ライバル社員が活躍している姿を見ただけで、嫉妬心からイライラしてきます。

目標の成績に到達しなかったり、部下がちょっとでも思いどおりの働きをしなかっ

たりすると、気持ちが焦ってイライラが止まらなくなります。

何事に関しても「早く結果を出したい」と気持ちが急いてしまって、一日中イライラしながら仕事をすることになります。

仕事に熱心に取り組んでいるがゆえの感情ですが、「働く楽しさ」「みんなと協力していく喜び」といった仕事のやりがいから遠ざかっていってしまいます。

ただただ「大きな業績をあげること」「早く出世すること」を果たすことだけに躍起になってしまうのです。

このようなことは、本人にとっては必ずしもよいことではありません。

日常的なイライラがたまっていくと、強い疲労感をもたらし、どこかでダウンしてしまうことになるかもしれないからです。

イライラが、強い疲労感をもたらす。

3 「イライラする」とは、自分でみずからをいじめること

「イライラする」を漢字で書くと、「苛苛する」となります。

この「苛」という文字には、「むごい」「厳しい」「乱れる」「いじめる」といった意味があります。

いずれにしても、ネガティブなイメージです。

つまり、**イライラするとは、「心がむごいことになる」「精神的に厳しい状態になる」「心が乱れる」ことになる**のです。

また、「苛」という文字の部首は、「艹（草冠）」です。

これは「草」を表しますが、ただの草ではありません。

「棘がたくさんある草」なのです。

また、「可」には、「大きな声を出す」という意味があります。

つまり「苛」とは、「棘がたくさんある草を頭に乗せられて、『痛い、辛い』と大きな声を出している」というイメージから発生した文字なのです。

そういう意味からいえば、「イライラする」、つまり「苛苛する」ということは、「自分でみずからを傷つけ、いじめる」ということなのです。

賢明な人は、そのような愚かなことはしません。

賢明な人は、もっと自分を大切にします。

自分を守ります。

イライラしないよう心を切り替えています。

穏やかで落ちついた気持ちを保つように、いつも心がけているものなのです。

イライラしない、平常心でいる、ということが、幸せな人生につながります。

自分でみずからを傷つけるようなことはしない。

4 イライラを生み出している原因とは

イライラする感情は、「状況」や「他人」が生み出していると考えがちです。

たとえば、「後輩の仕事が遅い。物事が思うように進んでいかない」「同僚が言ったとおりにしてくれない」などという状況は、仕事の場ではよく聞くことです。

しかし、イライラを生み出しているのは、そんな「状況」や「他人」ではありません。実は「自身自身の心」が生み出しているのです。

また、**自分が困ったときに現れる感情**でもあります。

イライラとは、自分が相手に求めているハードルの高さと現実が、一致しないときに起こる感情です。

後輩の仕事が遅いとしても、同僚が言ったとおりにしてくれないとしても、その人にはその人の事情があります。イライラの感情をぶつけたところで、よい方向へは進むことはありません。

そんなときには、自分の求めていたものを捨てて、相手の視点に立って想像してみるのです。**「なんでしてくれなかったの？」と相手を責めるのではなく、「どうしたら思いどおりに進めてくれるだろう」と寛容な気持ちで考える**のです。すると、自然とその人に対してのイライラは消えていくはずです。

大切なのは、自分自身の「意識の持ち方」なのです。

会社では、時に、切羽詰まった状況に追い込まれることがあります。思うようにならないこともたくさんあります。周りの人たちとすれ違いが起こってしまうこともあるでしょう。

しかし、どんなときでも大らかな気持ちを持っておくことが大切です。それが、「イライラしない」ためのコツのひとつになります。

イライラは自分が生み出している。

5 切羽詰まった状況でも、楽天的でいるのがいい

ある同じ状況にあっても、そこでイライラしてしまう人と、一方で、平然としていられる人がいます。

たとえば、同じ期日の締め切りに追われているAさん、Bさんという社員がいるとします。Aさんは、「締め切りに間に合いそうにない。どうしよう」と、イライラ、カリカリとしています。一方で、Bさんは、「締め切りに間に合いそうにないが、だいじょうぶ。どうにかなる」と、平然としています。

Aさんはといえば、そのイライラ、カリカリの感情のため、やる気が空回りしてしまい、かえって仕事の効率が悪くなって、結局は締め切りに間に合わなくなりました。

一方で、Bさんは、落ち着いて集中力を発揮し、仕事を一気にやり遂げて、締め切りに間に合わせることができたのです。

そういう意味では、どのような状況であっても決してイライラせずに、落ち着いて物事に対処するほうが得策です。

では、このAさんとBさんの違いは、どこから生じるのでしょうか。それは両者の、状況に対する「意識の持ち方」の違いから生じるのです。

「このままでは締め切りに間に合いそうにない」という状況は、両者にとって変わりはありません。しかし、Aさんは「どうしよう」と慌（あわ）てふためき、一方でBさんは「だいじょうぶ。どうにかなる」と楽天的な気持ちでいました。

大切なことは、たとえ切羽詰まった状況にあっても、楽天的な気持ちを保つように心がけておくということです。最初から慌てたり、イライラしたりする必要はないのです。

意識の持ち方次第で、イライラは消えていく。

イライラしている人は、仕事で成功できない

仕事で大きな成果を得るためには、「イライラする」「頭にくる」「気が散る」といった精神状態になってしまうことは、決してよいことではありません。

そのような「感情の乱れ」は、大きなことを成し遂げるうえでひとつの障害になってしまう場合が多いのです。

感情が乱れることによって、仕事に集中できなくなります。そうなれば、仕事はしばしば停滞し、よい成果を出すことができなくなってしまうでしょう。

その結果、上司からは「できない社員」とレッテルを貼られてしまい、同僚からは「感情に振り回される不機嫌な人」と軽蔑されかねません。近寄りがたい雰囲気を醸し出してしまいます。

そうなると、仕事で大きなことを成し遂げることも難しくなってしまいます。

したがって、仕事には、イライラせずに落ち着いた気持ちで取り組んでいくほうがいいのです。

そして、**いつも「大らかな気持ち」でいることが大切**になってきます。

そのためには、**小さなことを必要以上にあまり気にしない**ことです。

どのような状況になっても、焦ったり慌てたりせずに、平常心を保っていくことが大切です。

大らかな気持ちを心がけることで、イライラすることなく、ひとつずつ仕事を着実にこなしていくことができます。

「大きな仕事の成功」も、このようにひとつずつ仕事を着実にこなしていった先にあるのです。

いつも「大らかな気持ち」を心がける。

7 よいストレスと、悪いストレスがある

イライラする感情をつくり出す大きな原因のひとつに、「ストレス」があります。

仕事の重圧や人間関係のギクシャクがストレスになって、心の中にイライラした感情をもたらします。

しかし、「ストレス」というものは、一概に悪いものだとはいえません。

ストレス学説の提唱者として有名なハンガリー系カナダ人の生理学者ハンス・セリエは、「人間には、適度なストレスが必要だ」と述べました。

たとえば、多くの仕事には締め切りやノルマといったものがあります。

「いついつまでに、どのような仕事を仕上げなければならない。どのくらいの実績をあげなければならない」という締め切りやノルマです。

そのような締め切りやノルマは、人の心にとってはストレスになります。

しかし、人には、締め切りやノルマがあるからこそ、「気合が入る」「やる気が出る」「気持ちがシャキッとする」という一面もあります。そういう意味からいえば、ストレスには、「気持ちによい張り合いをもたらす」という面もあるのです。

ですから、ハンス・セリエは、**「人間には、適度なストレスが必要だ」**と言ったのです。

しかし、それはあくまで、「適度なストレス」が大切だということです。そのストレスが「過度のストレス」になってしまえば、人の心によい張り合いをもたらすどころか、かえってイライラや焦り、怒りや不満といったネガティブな感情を生み出す原因になってしまいます。

そのためには、ストレスが過度にならないように自分自身で注意しておくことが大切です。

ストレスが過度になると「イライラ」を生み出す。

第1章のまとめ

アタマではわかってるつもり…

いくつ実行してる？リスト

- □ 相手の仕事の成果にイライラする原因は、「相手に求めているハードルが高すぎるだけ」と知っている
- □ イライラすると集中力を失い、仕事に支障をきたすため、楽天的な気持ちを保つようにしている
- □ 「働く楽しさ」「みんなの協力する喜び」という"本来の仕事のやりがい"を感じている
- □ イライラは周りに伝染し、組織の生産性を低下させることを知っている

「イライラするとは、
自分でみずからを
いじめること」

第２章

寛容な気持ちを持って人とつき合う

2
chapter

1

相性が悪い相手とプラス思考でつき合う

誰にでも「相性が悪い相手にイライラさせられる」と感じた経験があると思います。確かに相性が合わない相手が身近にいると、意思疎通がうまくいかずに、何かとイライラすることがあるものです。

協力してやっていかなければならない仕事なのに、お互いの仕事の進め方がチグハグになって、イライラして「何をやっているんですか」と文句を言いたくなることもあるでしょう。しかし、**相性が合わないからといって、そこでイライラしてしまったら、その相手との関係が一層ギクシャクしていくばかりです。**

そうなれば、相性が悪い相手と一緒の職場で仕事をしていくことが苦痛に思えてくると思います。その相手からイライラさせられることも、ますます増えてしまうことになるでしょう。

そのような**悪循環から抜け出すために大切なのは、相性が悪い相手に対する意識の持ち方を自分が変えること**です。

人は、ともすると、「相性が悪いあの人のせいで、私の仕事がうまくいかない」と考えがちです。しかし、そのように否定的な考えを持ってしまうからこそ、相性の悪い相手に一層イライラさせられることになるのです。

たとえ相性が悪いと感じても、「あの人がいるおかげで、勉強になることがたくさんある。仕事がうまくいく」と、意識の持ち方を変えてみます。そしてできるならば、相手にそう伝えてみます。褒められてイヤな人はいません。相手の「認められたい欲」がくすぐられ、ぐっと距離が近づくことでしょう。

そのように相性の悪い相手との関係をプラス思考でとらえ直せば、その相手にイライラさせられることはなくなってきます。

相性が悪い相手がいるから、よりよい仕事ができる。

2 相性の悪い相手が、自分の仕事を助けてくれる

「相性が悪い相手」とは、言い換えれば「自分とは違う性格の人」でしょう。また、「自分とは違う考え方を持っている人」「自分にはない才能を持っている人」ともいえます。

だからこそ、その「相性が悪い相手」は、自分自身にとってとても貴重な存在になるのです。

というのは、自分とは違う性格だからこそ、たとえば、自分が投げ出してしまいそうな仕事を、その「相性の悪い相手」が粘り強く解決していってくれることもあるからです。

自分とは違った考え方を持っているからこそ、自分がまったく気づかなかったユニークな意見を「相性が悪い相手」が出してくれることもあるでしょう。また、自分にはない才能を持っているからこそ、「相性が悪い相手」が自分が苦手とする分野を

カバーしてくれることもあると思います。

そう考えれば、「相性が悪い相手」とは、一緒にいることを苦痛に思う相手ではなく、むしろ「一緒の職場にいてくれて、ありがとう」と感謝すべき人間なのです。職場でなければ、出会うことがなかったのかもしれないのです。

そして、「あなたがいるから、私は助けられている。あなたの存在がありがたい」と感謝の気持ちで接すれば、相性が悪い相手と一緒に仕事をしていくことにイライラすることもなくなります。

このように考えを変えることは、簡単なことではないかもしれません。

しかし、結果的に、相性が悪い相手との関係をポジティブに受け取ることができるようになる最短で最良の方法なのです。

相性が悪い相手が、自分の欠点をカバーしてくれる。

3 人を選ばず「人との縁」を大事にしていく

「縁（えん）」という言葉があります。

いろいろな意味を持つ言葉ですが、その中のひとつに、「人と人との出会い。人とのつながり」があります。

仕事においても、「あの人とは縁がある」などといいますが、それは、「あの人と出会って、一緒に仕事を進めていく運命にあった」という意味合いです。

「縁」、つまり「人との出会い」や「人とのつながり」を大切にしていくということが、成功するための条件のひとつになります。

松下電器（現・パナソニック）を創業した実業家の松下幸之助は、

「日頃、何気なくつき合っているあの人この人も、実は世界の何十億という人の中から、深い縁の力によって選ばれ、結ばれた結果である。そう考えて、その縁に感謝と喜びの心を持ち、その人との縁を大事にしていくことだ（意訳）」

と述べました。

実際、松下幸之助は、そのような「人との縁」を大事にし、多くの人に助けられて事業を成功させていったのでしょう。言い換えれば、**人は多くの人の支えがなければ成功は望めません。ですから、「人との縁」を大事にしていくことが重要なのです。**

しかし、この「人との縁」とは必ずしも、相性がいい人、仲がいい人、意見が合う人ばかりを指すのではありません。

たとえ相性が悪い相手であっても、やはり「その人との縁」を大事にしていくことが重要です。

人を選ばず、どのような相手であっても、「出会った人との縁」を大事にしていける人が、仕事の場で成功者になれるのです。

仕事の場では、つき合う相手を選ばない。

4

「めったにない出会い」に感謝する

「ありがとう」という言葉があります。感謝の気持ちを表す言葉です。

実は、この「ありがとう」の言葉の語源は仏教にあります。

「ありがとう」は、本来、「有り難し」でした。

この「有り難し」には、「ありえない」「めったにない」という意味があります。

つまり、「仏教という貴い教えに巡りあうことは、めったにないことだ。だからこそ、仏教という教えに出会えたことに感謝する」という意味が、今では一般的に使う「ありがとう」に変化していったのです。

この「めったにない出会い」には、もちろん「相性の悪い相手との出会い」も含まれます。

相性の悪い相手との出会いにも感謝の気持ちを持つことで、その相手とよい関係を築き、その相手の協力によって大きな仕事を成し遂げることができます。

人間関係は鏡のようなもので、相手に向けた感情はよくも悪くも、ブーメランのように自分に返ってくるようにできています。ですから、相性の悪い人との仕事でも成功させたければ、その相手に感謝の思いを抱くことです。感謝の気持ちがあれば、言動や接し方も自然と変わっていきます。

ちなみに日本では、感謝を伝える言葉として、もともとは「かたじけない」を使っていたようです。この「かたじけない」には、「おそれ多いことだ」との意味も含まれています。

それが歴史の流れの中で、「かたじけない」に替わり、仏教語だった「ありがとう」が一般的に使われるようになっていったのです。

いずれにしても、人との出会いに感謝する気持ちを持つことが大切です。

相性の悪い相手との出会いも「めったにない出会い」である。

5 支配欲が強い上司ほど、部下にイライラさせられる

ある男性は、部下のことでいつもイライラさせられると言います。

部下の様子を見ていると、「どうしてもっとテキパキと仕事ができないんだ」「この人は、私のアドバイスをちゃんと聞いているのだろうか？」とイライラしてしまうそうなのです。

しかし、このようにいつもイライラしているのでは、その上司自身にとってもよくないのではないでしょうか。イライラのために、自分自身の仕事にも集中できなくなることも考えられます。イライラが高じていけば、そのために心身の調子が悪くなって健康を害することになるかもしれません。

部下にしてみると、上司がいつもイライラしていたら、その雰囲気をすぐさま察知し、往々にして、「近寄りがたい上司」と感じてしまいがちです。

そのために、上司から部下への意思疎通がうまくいかなくなり、職場のまとまりもなくなってきてしまうかもしれません。

「部下にイライラさせられる」という上司は、一般的に「支配欲が強い」という性格の持ち主が多いようです。「部下を自分の思いどおりに動かしたい」という欲求が強いのです。そのために「思いどおりにいかない部下」を見ると、イライラしてきます。

ひとりの人間として部下の自主性をもっと尊重し、寛容な気持ちで部下の仕事を見守るほうがいいと思います。また、「報告は部下から受けるもの」と思い込まず、みずから情報を取りに動くことも大切です。

そうすれば、自然に、イライラすることも軽減されると思います。そして、そのことは部下にとっても上司にとってもよいことだと思います。

寛容な気持ちで、部下の自主性を尊重する。

6

上司は部下に「いつも助けてもらっている」と理解する

『イソップ物語』に、「ライオンとネズミ」という話があります。

1頭のライオンが眠っていると、1匹のネズミが走ってきて、ライオンの体にぶつかりました。ライオンが目を覚まし、起き上がると、そのネズミを捕まえて食べてしまおうとしました。ネズミは、「助けてください。もし助けてくれたら、あとで恩返しをします」と頼み込みました。ライオンは笑って、「おまえなんかに恩返ししてもらうことはないだろうが」と許してやりました。

その数日後のことです。そのライオンが狩人に捕まって、大きな木に縄で縛りつけられてしまいました。そこに先日のネズミがやって来て、狩人が目を離している隙にその縄を齧り、切ってあげました。縄から解き放たれたライオンは、その狩人から逃げることができたのです。

そしてネズミは、ライオンに「あなたは先日、力の弱い私をバカにして、『ネズミなどから恩を返してもらうことはない』と笑っていました。しかし、私はこうやってちゃんと恩返しをしました」と言いました。

この話は、**「どんなに力の強い人間でも、力が弱い者から助けてもらうことがある。だから、その相手がたとえ力が弱いからといって、バカにするのではなく、普段から尊重しないといけない」**という教訓を示しています。

これは職場の上司と部下の関係にも通じる話だと思います。

力が強い上司であろうとも、将来、力が弱い部下から助けてもらうことが起きるのです。そのことを理解すれば、部下に対してもっと寛容になり、もっと部下を尊重しようという気持ちも生まれてくると思います。

そうなれば、思いどおりに動かそうと思って、イライラすることもなくなるでしょう。

実際には、部下から助けてもらっている。

7

他人への欲求水準を少し下げてみる

他人に対して欲求水準が高い人は、ともすると、イライラすることが多くなってしまうようです。「欲求水準」とは心理学用語ですが、わかりやすくいえば、「求める水準」のことです。

ある男性は、他人への欲求水準が高いタイプの人です。

彼は、同僚や取引先に対して、いつもイライラしています。

「A君は、周りの人に迷惑をかけないようもっと迅速に仕事をするべきだ」

「Bさんの仕事は雑だ。こんないいかげんな納品のやり方は許せない。もっと丁寧にするべきだ」

といった具合です。

しかし、実際には、A君もBさんもまじめにしっかりと仕事をしているのです。

なぜ彼がそのような心境になってしまうのかといえば、それは他人への欲求水準が高すぎることが原因です。自分が信じる「こうあるべき」という常識や価値観が裏切られたと感じるからです。

しかし、イライラした感情を抱えたまま相手に接していたら、相手との信頼関係が壊れていきます。

イライラとはつまり、自分が相手に期待していることの表れです。

イライラを解消するには、まず、自分が相手にどう望んでいるのかを認識することです。そして、「～べきだ」と決めつける考え方から、自分の中で「～だといいなあ」と許容できる部分を見つけるという考え方に変えていくのです。

イライラの理由は、外にあるのではなく自分の中にある、と知ることが必要です。

欲求水準が高いから、人にイライラしてしまう。

8

寛容な心が、信頼関係を築く基礎になる

いい仕事を成し遂げるためには、同僚あるいは取引先と強い信頼関係を持ちあっていくことが非常に重要です。

お互いに強い信頼関係があってこそ、その相乗効果によって、大きな成果を出すことができるのです。

しかし、「他人への欲求水準が高い人」というのは、往々にして、この信頼関係を壊してしまうのです。

他人への欲求水準が高い人は、相手に対して「この人は十分にがんばっていない。手を抜いている」といった思いを抱いてしまい、ついイラついてしまいます。

そのイライラしている感情は、たとえ言葉であからさまに人を非難することがなくても、表情や態度から相手に伝わっていくものです。

それを感じ取ると、相手も不愉快な感情を抱くようになります。

するとだんだんと信頼関係が崩れていってしまうのです。

周りの人と強い信頼関係を保っていくために大切なことのひとつは、「寛容さ」だと思います。

「寛容」とは、「広い心で、相手を受け入れること」です。「相手の至らない点を厳しく責めない」ということです。

そういう意味では、**「80パーセント主義」を心がけるのがいい**と思います。

自分の望む水準の80パーセントの仕事をしてくれたら、その相手に、「いい仕事をしてくれて、ありがとうございます。おかげさまで助かります」と、心から感謝するようにするのです。

それがお互いの信頼関係を築いていくコツです。


「80パーセント主義」で、人とつき合っていく。

9

お互いに寛容な気持ちを持って許しあう

フランスの思想家であるヴォルテールは、「寛容とは何か。それは人間愛のことである。我々はすべて弱さと過ち(あやま)からつくられている。我々の愚かさを許しあおう(意訳)」と述べました。

相手の弱さや過ちを指摘して、「あの人には本当にイライラさせられる」と非難する人がいます。

しかし、他人を非難するその人自身も、実は、「弱さと過ちからつくられている」のです。その人自身も弱さを持っており、また、多くの過ちを犯しているのです。

ですから、他人を非難する資格などないのです。

そのことを理解して、「愚かな者同士として、お互いに許しあう気持ちを持つことが大切だ」と、ヴォルテールは指摘しているのです。

それが、「寛容」ということです。

職場の人間関係は、時に、ギスギスしたものになりがちです。

働く人たちはみんな、イライラした気持ちを抱えながら仕事をしているため、ちょっとしたことで他人と気持ちが衝突してしまうこともあります。

そのようなとき、相手の「弱さや過ち」を非難することは簡単です。

しかし、お互いに非難しあっていても、よい仕事はできないでしょう。

むしろ、みんなの気持ちがバラバラになっていって、職場の雰囲気は悪くなり、仕事は停滞してしまうことになると思います。

大切なことは、一定のルールを尊重しながら、お互いに寛容な気持ちを持って許しあうことです。そうすることで職場がひとつにまとまっていき、よい仕事もできるのです。


職場がひとつにまとまってこそ、よい仕事ができる。

10 心のどこかで「譲り合う気持ち」を持っておく

職場は競争社会です。

「同僚よりも先に出世したい」「ライバルより優秀な成績を残したい」と健全なライバル意識を持ち、仲間と切磋琢磨して働くことは、周囲にとてもよい刺激をもたらすでしょう。

しかし、ライバルと相性が悪い場合、お互いに敵対意識が強くなりすぎていがみ合ってしまうことは、好ましいことではありません。その日常的なイライラが原因で、心身の調子が悪くなっていくという場合もあるからです。

職場の信頼関係が壊れていくだけではなく、周囲の人たちにとってもストレスとなります。

そういうときは、「我先に」という意識をあまり強く持ちすぎるのではなく、むしろ**「お先にどうぞ」という譲り合いの気持ちを持っておく**ことも大切です。

たとえば、相性が悪い人と会議で意見が食い違い、口論になったとします。相手を言い負かしたくなるところですが、口論が続いてきたら、「その意見もごもっともですね」などとこちらがすっと一歩引いて、相手の言い分を認めます。自然な形で手柄を譲るのです。

すると、相手の攻撃的な言動がなくなり、イライラすることがなくなります。相手も、認められたと感じると悪い気はしません。

また、これまでの重苦しい空気を変えたということで主導権を握れ、議論を思う方向に進めることもできるでしょう。周りからの評価もぐんと変わるはずです。

譲り合う気持ちを持っておくことで、チームワークの強い職場を築き上げることができると思います。


「我先に」ばかりでは、心が疲れきっていく。

「押しあい圧しあい」よりも「悠々と」生きる

中国の思想書である『菜根譚』（洪自誠著）に、次のような言葉があります。

「人と争って我先にと進もうとすると、道は狭くなっていくばかりだ。人に先を譲っていけば、それだけ道は広くなる（意訳）」というものです。

1本の道を、大勢の人たちと争って我先にと進んでいこうとすれば、みんなで押しあい圧しあいしてしまいます。

そうなれば、それだけ窮屈な思いをします。

この言葉にある「道は狭くなる」とは、つまり「窮屈な思いをする」ということです。

そうならば、「お先にどうぞ」と先を譲って、あとで自分ひとりで悠々と、ゆったりと道を歩いていくほうが気楽です。

この言葉にある「道は広くなる」とは、つまり、「悠々と行ける」という意味です。

この『菜根譚』の言葉の裏には「人の生き方」が暗示されています。

人生という「道」においても同じです。

「人よりも先に出世したい。先に結果を出して、評価を得たい」と、人と争って押しあい圧しあいしながら生きていくよりも、**「お先にどうぞ」と先を譲って、悠々と生きていくほうがラクに生きられます。**

そして、のびのびと、自分らしく生きていけます。

充実した幸福感、また、働きがいを得ることもできます。

そして、それは「イライラしない生き方」にもつながるのです。

「お先にどうぞ」と譲って生きていく。

第2章のまとめ

アタマではわかってるつもり…

いくつ実行してる?リスト

- □ 相性が悪いなと思っている相手でも、自分の感情を表に出さずに応対している
- □ 相性が悪い相手のよいところを探してみている
- □ 仕事相手に面と向かってきちんと、「ありがとう」と感謝の言葉を伝えている
- □ 「手を抜いている」と思わず、同僚や部下の仕事ぶりを認めて、受け入れている
- □ 「相手より結果を出したい」「先に上に立ちたい」というギスギスした気持ちだけで仕事をしていない

「相手に向けたイライラは、
自分に返ってくる」

人を変えるより、自分が変わる

3
chapter

1 相手が変わることを期待するより、自分が変わる

迅速に処理することを求められる仕事の場において、相手が優柔不断な人、決断ができない人だと周りのイライラはたまってしまいます。

ある女性は職場の上司に、「あの人はどうしてこんなに優柔不断なんだろう。もっとはっきりと意思表示してくれないと、仕事が進まなくて困る」と不満を抱えています。

彼女は、その優柔不断な相手が変わってくれることを期待しているのです。

「あの優柔不断な態度を変えて、はっきりと意思表示してくれる人になってくれたら、もっとつき合いやすくなるのに」という具合です。

しかし、人間というものは残念ながら、期待しているようにはなかなか変わってくれないものなのです。優柔不断な相手がなかなか変わってくれないために、彼女もいつまでもイライラさせられる、という状態が続いてしまうことになります。

この場合、**優柔不断な相手が変わることを期待するよりも、彼女自身が変わるほうが賢明**です。

優柔不断な相手とのつき合い方をちょっと工夫すれば、イライラを軽減することが可能です。

たとえば、優柔不断な人が意思表示をするのを待っているのではなく、自分から積極的に「こうしましょうか」と提案を出していくことによって、相手をリードしていくのです。

相手に「いかがでしょうか」と漠然とお伺い(うかが)いを立てるのではなく、自分のほうから「これでよろしいでしょうか」と望む結果などを提示しながら、リードしていくことを心がけることで、イライラもずいぶん軽減されるものです。

大切なのは、**「相手を変えるのではなく、自分が変わっていく」**ということです。

自分が変わるとイライラが減っていく。

2 イライラする相手と円満につき合う工夫をする

職場にはいろいろな人がいます。さまざまな性格の人がいます。考え方がまったく異なる人もいます。年齢も、若い人から年配の人までいます。

そんな多様な人が1カ所に集まって、協同して仕事を進めていくのが職場です。

そのような環境の中ですから、「あの人にはいつもイライラさせられる」という相手もいるかもしれません。しかし、文句を言っているだけでは、事態は改善されないでしょう。

大切なことは、その相手とストレスなく、円満につき合っていく工夫をするということです。

ある男性は、「言うことがコロコロ変わる上司」に振り回されていて悩んでいます。

「企画書を提出したところ、修正を何度も命じられたのに、結局は最初に提出した内容に戻されてしまった」そうなのです。

言うことがコロコロ変わる人は、自分の指針を明確にできていない場合が多く、あいまいな指示を出す傾向にあります。そんな中、指示をされた側が自分の解釈で行うと、「そういうことじゃない」とつき返されてしまいます。

このような事態を避けるためにも、上司にあいまいな指示を受けたらその場で詳しく聞いてしまうのです。詳細が聞けたら、上司の前でメモを取ったり、第三者も交えて確認するなどしておくのです。

さらに、「お手間をとらせたくないので」といったクッション言葉を添えれば、上司も悪い気分にはなりません。

自分で対策を講じることが、イライラを少なくするコツです。

イライラの理由がわかるとイライラが減っていく。

3 人は「人間関係の悩み」からは逃れられない

オーストリアの精神科医で心理学者でもあったアルフレッド・アドラーは、「あらゆる悩みは、人間関係から生じる」と述べました。

このアドラーの言葉を言い換えれば、「イライラの原因の大部分は、人間関係から生じる」となるかもしれません。

退職する人たちに、「なぜ会社を辞めたのか」と質問をすると、いつも上位にくる理由は、「人間関係」です。「上司とソリが合わない」「がまんできない同僚がいる」などの理由から、会社を辞めてしまうのです。

もちろん、転職してステップアップできるのであれば、退職することは悪いことではないと思います。

しかし、「人間関係の問題から会社を辞める」ことは、必ずしもステップアップにつながらない場合もあります。というのも、転職先にも、やはり「イライラさせられる人」がいるだろうと予測されるからです。

アルフレッド・アドラーは、「この宇宙でたったひとりにならない限り、人間関係の悩みから解放されることはない」とも述べています。

言い換えれば、**人間関係がある限り、人間関係の悩みから解放されることはありません。**また、会社はどこであっても人間関係があります。関係が密な場合でも乏しい場合でも、人間関係の悩みは起こりうるものです。

したがって、その転職先でもまた「人間関係の悩み」で辞めることにもなりかねません。

そういう意味では、会社を辞める前に、「イライラさせられる相手」と、どのようにして上手につき合っていくかを考えておく必要があります。

苦手な人とうまくつき合う方法を考えてみる。

4 思いやりがある人は、人に対してイライラしない

ケアレスミスが多い人にイライラさせられるということがあります。

ある若い男性は、「今、担当している仕事を成功させ、私のいる部署の業績をあげたい」と、熱心にがんばっています。

しかし、同僚の1人が、同じ場面で何度も同じミスをしてしまいます。注意するとそのときは反省するのですが、また繰り返してしまい、なかなか直りません。そんな態度を見ていると、思わずイライラしてきて、彼自身まで仕事に集中できなくなってしまうのです。

このようなケースでは、イライラする前に、「同僚はなぜミスを続けてしまうのか」ということについて考えてみることが大切です。

もしかしたらその同僚は、ミスを指摘されて萎縮(いしゅく)し、心が乱れて冷静な思考ができ

なくなっているのかもしれません。そして、「何がいけなかったのか」に気づいていないのかもしれません。もしくは、膨大な仕事量を抱えていたのかもしれません。

ですから、イライラする前に、その同僚に「どうしたの？」と語りかけ、一緒になってミスの原因を解決する気持ちを持つことです。また、今日やることとゴールを一緒に設定していくことで、情報の共有化や物事の優先順位づけをしていくのもよい対策でしょう。

そうすることによって、その同僚が原因に気づき、仕事へのやる気を取り戻し、がんばるようになれば、その男性はもうイライラすることもなくなるでしょう。

職場では、どんな相手であっても、まずはその相手を「思いやる」という気持ちを持つことが大切です。

そう考えるのが、「イライラしない」ためのコツのひとつになります。

仕事ができる人は「どうしたの？」と聞ける。

5 口だけの人とは、事務的にたんたんとつき合う

「口では立派なことを言うが、行動が伴わない」人がいます。

ある男性の後輩が、そのようなタイプの人だそうです。

「自分に自信を持って、積極的に仕事を切り開いていくことが大切なんですよ」

「自分に負けているようではダメですよ。自分に勝つ強い意志を持って、仕事を進めていかないと」

などと、日頃はとても立派なことを言います。

しかし、行動が伴わないのです。

「積極的に」と言いながら、会社のデスクに座りっぱなしです。

「自分に勝つ」と言いながら、トラブルなどが発生すると、責任をほかの人になすりつけようとします。

言っていることとやっていることがまるで違うのです。

このようなタイプの相手には、イライラした感情のまま、つい声を荒げて叱りたくなるところですが、強く言うと、人のせいにしたり、環境のせいにしたりと理由をつけて自分を正当化しようとします。

そういう人は、相手の気持ちを考えることができず、ただ相手の気を引きたいだけです。

したがって、こういうケースでは、先輩として具体的に「これを担当してほしい。君の出番だよ」と、具体的に仕事の指示を出しつつ動かざるを得ないようにするのがいいと思います。

感情を交えずに、事務的にたんたんとつき合っていくことが、このようなタイプの人からイライラさせられることを減らす対策です。

感情を交えるとイライラが増える。

6 協調性のない人とは、距離をとってつき合う

チームプレーで仕事をする職場では、何人かの社員で協力してひとつの仕事を進めていかなければなりません。そんなとき、「協調性がない人」がいると、なにかとイライラさせられるものです。

ある女性社員の同僚にも、そんな「協調性がない人」が1人いました。「協力して、こう行動していこう」と行動の方針を決めても、その同僚は何かと自分勝手な行動を取ってしまいます。

みんながんばっているのに、その同僚は、イヤなことがあるとすぐやる気をなくして怠けてしまいます。

「自分だけよければいい」という態度で、周りの人たちが困っていても、それを助けようとはしません。

そのような態度を取られると、意欲がある社員はうんざりしてしまい、組織の生産性は低下する一方です。

こういうとき、**協調性がない人を「あえて相手にしない」のもひとつの対処法**です。性格を直そうとしたり、深入りしようとしたりすると、かえってストレスになります。「仕方ない」と受け入れて接することも必要です。あまりかかわらないようにするのです。

もちろん、仕事の指示を出したり、注意したりすることが必要になることもあるでしょうが、事務的にたんたんと行います。

距離を取りつつ受け入れて接するようにすれば、その同僚からイライラさせられることも少なくなると思います。

「あえて相手にしない」という選択肢もある。

7 人のせいにする人ほど、イライラしてしまう

夢や目標に向かって、自分の力でコツコツ努力を積み重ねている人は、たとえ思うようにならない事態に直面したとしても、「ああもう、イライラする。頭にくる」と感情的になることはありません。

自分で努力している人は、イライラするよりも先に、「では、どうすればこの事態を改善することができるのか」ということを冷静になって考えることができるのです。そして、解決策が見つかれば、また夢や目標に向かってコツコツと努力することだけに力を注ぎます。

また、自分で努力している人は、これまでの努力の蓄積が自信となり、「どのような状況にあっても自分の力で乗り越えていける」と思考を転換できます。

ですから、イライラしたり、怒ったり、焦ったりすることはないのです。

一方で、自分で努力することをせずに、何かと人に頼っている人に限って、イライラしてしまうことが多いようです。

思うようにならない事態に直面すると、

「上司の指導力が足りないから、こんな結果になるんだ」と、上司に対してイライラします。

「同僚たちが協力的でないから、うまくいかないんだ」と、周りの同僚たちに腹立たしい気持ちを抱きます。

自分で解決しようとせず、他人に対して依存的な人は、ともすると、うまくいかない原因を「人のせいにする」という心理傾向が強いのです。

したがって、何事も人に頼るのではなく、自分の力で切り開いていこうという意欲を持つことが大切です。

自分の力でしっかり生きていく。

8 上司は立場上、物事に慎重になりやすい

部下にとって上司とは、「ものわかりが悪い」と感じるもののようです。

部下の提案に対して、そう簡単には「わかった。やってみよう」と即座に決断してくれないからです。

「本当に大丈夫なのか。うまくいかないんじゃないのか」と、あれこれケチをつけてきて、一向にゴーサインを出してくれないケースが多いようです。

そのために、部下はイライラさせられることになります。

なぜ上司がものわかりが悪くなってしまうのかといえば、それは「上司」という立場にかかわっていることもあります。

部長や課長というのは、中間管理職です。部下の提案に簡単にゴーサインを出してしまい、もしその仕事が失敗してしまったら、その上司自身が上層部から責任を問わ

れることになりかねません。そうすれば、部長や課長という地位を失うことにもなるかもしれないのです。

ですから、上司というものは、部下の提案に慎重にならざるを得ません。簡単に「やってみよう」とは言えないのです。そういう上司特有の心境を、部下が「ああ、そういうことだったのか。大変なんだな」と理解するだけでも、イライラは軽減されると思います。

ですから、上司を上手に説得するコツは、単に言葉だけで説得しようとするのではなく、客観的なデータや資料で自分の意見を説明することが必要です。

「この提案はうまくいく」というしっかりとした裏づけがあれば、上司も安心して納得したうえで、「やってみよう」とゴーサインを出すことができます。

そうすれば、部下もイライラすることはありません。

相手の立場になってみて、相手の心境を理解する。

9 努力すれば、よい結果が得られる

「イライラしない」ための大切な心がけのひとつに、「一生懸命に努力すれば、必ずよい結果が得られる」と信じることが挙げられます。

どんなにうまくいかないことがあっても、窮地に立たされることがあっても、一生懸命になって努力していれば、結果的に「必ずよい結果が得られる」と信じるのです。

それを信じることができれば、思うようにならないことに直面したとしても、そこでイライラしたり、焦ったりするということはないのです。

仏教に、「自業自得」という言葉があります。

「自業」とは「自分の行い」であり、「自得」とは「自分が受ける」という意味です。

つまり「自業自得」とは、「自分の行いの結果を自分が受ける」と示しているのです。

たとえば、仕事を成功させるために一生懸命になってがんばっていれば、その結果は「成功」「称賛」、あるいは「昇給」や「出世」という結果となって自分自身に返ってきます。

つまり、「一生懸命になって努力すれば、必ずよい結果が得られる」のです。そして、それは人生の大切な法則のひとつなのです。

しかし、一方で、怠けたり、やる気をなくしたりすれば、その行いの結果も自分に返ってきます。それは、「成績が伸び悩む」「会社での信用を失ってしまう」という悪い結果になって返ってくるのです。また、イライラや怒り、落ち込みといったマイナスの感情をも生み出すことになるでしょう。

そういう意味でも、まじめに、誠実に努力していくことが大切です。

「努力は報われる」と信じれば、イライラしない。

第3章のまとめ

アタマではわかってるつもり…

いくつ実行してる？リスト

- □ 思いどおりにいかない相手を変えることはできないと知っている
- □ 苦手な人とうまくつき合う方法を考えるようにしている
- □ 「なぜイライラしているのか？」と原因を考えるようにしている
- □ イライラの原因を解決できる方法を自分でしっかりと考えている
- □ 自分の力で解決できる人は、人のせいにしていないと知っている

「イライラの理由を
考えようと努力する人からは
イライラが消える」

第4章

悲観主義を捨てて、楽観的になる

4
chapter

1 悲観的な人はイライラ、楽観的な人は的確に対処する

職場で「イライラしやすい人」の特徴のひとつに、「悲観的な考え方をしがちである」ということが挙げられます。

たとえば、仕事でトラブルが生じます。

ちょっとしたトラブルにすぎないのですが、「悲観的な人」は、それを大げさに受け取ってしまう傾向が強いのです。

「大変なことになってしまった」とひとりで大慌てして、周りの同僚を見て、「こんなことになっているのに、何をのんびりした顔をしているのだろう」とイライラしたりします。そして、周囲に「のんびりしている場合じゃないんですよ」とイライラをぶつけてしまうこともあります。

そんなことがきっかけとなって、職場の人間関係がギクシャクしてしまうこともあ

るのです。

そういう意味では、職場ではあまり悲観的にならずに、「楽観的に物事を考えていく」という習慣を身につけることが大切です。

「トラブル解決はスキルアップの絶好の機会だ」「どのようなトラブルが起ころうとも、どうにかなる。きちんと向き合えば上手に解決できるはずだ」と、楽観的に信じていく心の習慣を身につけておくのです。

楽観的になることで、視野が広がります。柔軟な思考ができるようになります。その結果、トラブルに的確に対処でき、解決も早いのです。

一方で、すぐに悲観的になり、すぐにイライラしてしまう人は、慌てるばかりで上手にトラブルを解決できない場合も多いのです。

したがって、トラブルが発生しても、「楽天的になる」ということが大切です。

トラブルが起こったことにとらわれていると、解決が遅くなる。

2

トラブルには「楽天的に対処する」のがいい

仕事の場では、小さいものから大きなことまで含めて、日々、いろいろなトラブルが発生します。

言い換えれば、そのトラブルに上手に対処していく能力を身につけることが、職場で働く人たちにとって大切な武器になります。

トラブルが生じたとき、そこで慌てたり、「○○のせいだ」とイライラしたりしてしまう人は、トラブル処理が上手な人ではありません。

慌てると、物事を冷静に判断することができなくなります。

イライラすると、柔軟にトラブルに対処できなくなってしまいます。

むしろ、トラブルには楽観的な気持ちで対処するほうがいいのです。

アルフレッド・アドラーは、

「楽観的であることが大切だ。未来を不安視するのではなく、悲観的になるのでもなく、今現在の『ここ』だけを見ることが大切だ（意訳）」

と述べました。

言い換えれば、「楽観的になることで、今現在の『ここ』だけを見ることができる」ととらえることもできます。

すなわち、「今、どういう状況にあるか」を冷静に判断できるということです。

また、「今、何をやらなければならないか」を柔軟に考えることができるのです。

つまり、アドラーもこの言葉で、**「楽観的でいるほうが、上手にトラブルに処理できる」**ということを指摘しています。

トラブルが生じても、楽天的になってイライラしないほうがいい、ということです。

楽天的になるから、「現状」が見えてくる。

3 「楽観的な人」が、その職場の雰囲気を変えていく

オーストリア出身で、主にアメリカで活躍した経営学者にピーター・ドラッカーがいます。

彼は、**「仕事が好きで、かつ楽観的であれば、それだけで組織の雰囲気が違ってくる」**と述べました。

仕事が好きな人は、何事にも前向きです。

もちろん仕事の場では、さまざまな問題が生じます。壁にぶつかってしまうこともあるでしょう。窮地に陥ることもあると思います。

しかし、仕事が好きな人は、どのようなことがあろうとも、前向きにそれに対処していくことができるのです。

また、「楽観的である」ということも大切です。

楽観的な人は、仕事で問題が生じても、そこで思い悩んだり、焦ったり、イライラしたりすることはありません。

ネガティブな感情に振り回されることなく、冷静に落ち着いて対処することができるのです。

そして、そのような「仕事が好きで楽観的な人」が部署に1人でもいれば、その職場の雰囲気が違ってくるのです。

職場全体が、明るい雰囲気になっていきます。また、その職場にいる全員が、前向きに仕事に取り組むようになります。

どのような困難が生じても、みんなで協力して解決できるようになります。

ドラッカーは、そういう意味のことをこの言葉で述べているのです。

やはり「楽観的である」ということが大切だということです。

仕事を好きになり、そして楽観的に仕事をする。

4 トラブルにも「よい面」がある

物事には必ず「よい面」と「悪い面」があります。

それは、仕事でのトラブルにもあてはまります。

トラブルが起こると、怒りや不安などの感情がわきあがってきます。しばらくの間、こういった「悪い面」に意識がとらわれてしまいがちです。

トラブルの「悪い面」ばかりに意識が向いていると、気持ちがどんどん悲観的になっていきます。落ち込んだり、焦ったり、イライラが止まらなくなったりします。事態を現実以上に大きく見せてしまうこともあるかもしれません。

しかし、**トラブルにも「よい面」がある**のです。その「よい面」にも意識を向けることができれば、楽観的に物事を考えられるようになります。

トラブルの「よい面」といえば、たとえば、次のようなことです。

「このトラブルを経験することによって、また新たな知識を得ることができる。その知識が、私の仕事の能力をさらに向上させてくれるだろう」

「トラブルを上手に解決することができれば、きっと、私の社内での評価が高まるに違いない。トラブルが起こっても、冷静に、的確に対処できれば、能力があると認めてくれるだろう」

このように一拍置いて考えることで、トラブルの「よい面」にも意識を向けるよう思考を変えるのです。そうすれば、勇気を持って、積極的に、そのトラブルに立ち向かっていけると思います。そして、実際に、トラブルを上手に解決することができます。

上手にトラブルを解決できれば、それは「自信」につながります。

その「自信を得られる」ということも、トラブルの「よい面」のひとつになるでしょう。

「よい面」に意識を向けることで、楽観的になれる。

5 「トラブルは、チャンスだ」と考えてみる

アメリカで活動した牧師で、多くの成功哲学本を書いたジョセフ・マーフィーは、

「今、何かトラブルに見舞われたとしたら、それは自分にとって、解決する能力を示す絶好のチャンスになる。チャレンジすることが大切だ。自分の中には問題を解決する知恵と力があると信じることだ（意訳）」

と述べました。

この言葉は、トラブルというものがもつ「よい面」について述べられています。

トラブルは「自分の能力を示す絶好のチャンス」なのです。

トラブルを解決する過程において、問題に真摯に向き合い、なぜそうなったのかという原因追求をすることは、冷静な視点がなければできません。また、もし上手にトラブルを解決することができれば、職場の中で自分の存在感をぐんと高めることがで

きます。

「トラブルの解決能力がある人」は、職場の中で非常に評価が高いものです。

優れたトラブル解決能力があるというだけで、上司からは「あの部下は、なかなか見所がある」と評価され、同僚たちからも「あの人は頼りがいがある」と一目置かれる存在になります。

したがって、トラブルに見舞われることがあっても、悲観的になる必要はありません。焦ったりイライラしたりする前に、腹を据えて、気持ちを落ち着けて、その「チャンス」を生かすことに集中するのです。

「トラブルは、チャンスだ」と考えることで、トラブル解決に向かって積極果敢に挑んでいくことができます。

トラブルを利用して、存在感を高める。

6 「過去の成功体験」と「仲間の支え」を信じる

トラブルが起こったとき、「私はこのトラブルを上手に解決することができる」という自信を持っておくことはとても大切です。

強い自信を持っていれば、慌てたり、イライラしたり、戸惑ったりすることにとらわれる不安がありません。

落ち着いた気持ちで、的確に、そのトラブルに立ち向かうことができます。

どうすればそんな自信を持てるかといえば、それにはいくつかのコツがあります。

ひとつは、「過去の成功事例を思い出す」ということです。

何かトラブルに見舞われて、それを上手に解決したという経験が、誰にでもあるはずです。

そのときのことを思い出して、「私なら、今度のトラブルも解決できるはずだ」と自分に言い聞かせてみます。

すると、自分の中に強い自信が生まれてきます。ネガティブな感情に振り回されることなく、自分がやるべきことを見つめることができ、着実に問題を解決していく姿勢で臨めます。

もうひとつは、「仲間の支えを信じる」ということです。

たとえチームでする仕事ではないにしても、たったひとりで仕事をしているわけではないと思います。そこには、上司や同僚など多くの仲間がいて、自分をサポートしてくれたり、意見やアドバイスを冷静に与えてくれたりしてくれることでしょう。

それに、**「ひとりではない」と思うだけで、気持ちが落ち着いてくるもの**です。

そのためには、日頃から職場の人間関係を大切にしておくことです。

強い自信があれば、落ち着いた気持ちでいられる。

7

トラブル情報は、みんなと共有するほうがいい

トラブルが起こったら、すぐに上司や関係者に報告することは仕事の基本です。

しかし、トラブルが起こったとき、誰にも相談せずに、自分ひとりで解決しようと考えてしまう人がいるものです。

「自分ひとりで解決しよう」と考えてしまう理由は、おそらく、「上司に怒られることになるから、上司に知られないうちに、自分で解決してしまおう」と考えるからだと思います。また、上司に怒られているところを同僚たちに見られるのが恥ずかしい、とも感じるのでしょう。

しかし、本当に自分でそのトラブルを解決できればいいのですが、そうならないケースのほうが多いのです。

ひとりでトラブルを抱え込んでどうにかしようとしているうちに、その問題がどん

どん大きくなってしまい、どうすることもできないくらい複雑化してしまうこともあります。そうなれば一層気持ちが焦り、イライラも高じていきます。

そういう意味でも、「報告し、問題を上司や同僚と共有する」ことがよい対処の方法です。上司や同僚がトラブル解決のために助言をしてくれたり、力を貸してくれたりするので心強いのです。

トラブルや失敗の報告をするのは勇気がいることですが、マイナスの報告をきちんとする人は、周りに安心感を与えます。また、言葉にすることで、肝に銘じることにもなります。

それによって、信頼関係が生まれ、人間関係も円滑になっていきます。

これも、「イライラしない」ためのコツのひとつです。

トラブルを自分ひとりで解決しようと思わない。

8 「叱ってもらって、ありがたい」と言える人になる

仕事でトラブルを引き起こしてしまえば、当然、上司から叱られることになるでしょう。取引先からも叱責(しっせき)されることになるかもしれません。

「叱られる」ということは、もちろん、気持ちのいいものではないと思います。

しかし、叱られることを、あまり否定的に受け取ることはありません。

叱られることで、人は、ひとつ新しい知識を得ます。

その仕事においてよい勉強になります。自分の至らぬ点を学ぶことができるのです。

その知識や勉強は、今後、自分がさらに飛躍し成長していくための貴重な財産になります。

ですから、「叱られる」ということは、むしろ飛躍のチャンスにもなるのです。

『菜根譚』には、

「人から叱られたほうがいい。人から見放されてしまうよりも、よほどいい」

という言葉があります。

トラブルを起こしても、「本気で叱ってもらえない人」がいます。その人は恐らく、「『あの人は、いくら叱ってもすねるだけで何も学ばない。だから、叱ってもしょうがない』と見放されてしまっている人」なのです。そのような**「見放された人」になるよりも、本気で叱ってもらったほうが自分の成長のためにいい**のです。

こう考えれば、叱られてもイライラすることはありません。落ち込むこともないのです。

逆に、「叱ってもらって、ありがたい」と考えることができるのです。

叱られることで、大きく飛躍できる。

9 「逆境、トラブル、障害」が、人を強くする

アニメーターで、現在の総合エンターテインメント企業、ディズニーの創業者であるウォルト・ディズニーは、「人生で経験したすべての逆境、トラブル、障害が、私の気持ちをまっすぐにし、強くしてくれた（意訳）」と述べました。

ディズニーのような大成功者であっても、仕事を進めていく途中で、たくさんの「逆境、トラブル、障害」に見舞われてきたと思います。

しかしディズニーは、そこで、イライラしたり、落ち込んだりするということはなかったのです。

むしろ、その「逆境、トラブル、障害」というものを前向きに受け止めて、そして乗り越えていったのです。

どうして、そのようなことができたのかといえば、ディズニーが、「逆境、トラブル、

障害」を「自分の気持ちをまっすぐにし、強くしてくれるもの」ととらえていたからなのです。

この言葉にある「自分の気持ちをまっすぐにする」とは、**「『夢を実現したい』という思いに向かって、まっすぐに進んでいこうという意志がさらに強くなる」**ととらえることができます。

また、「自分を強くしてくれる」というのは、**「さらに自分が、がまん強く、たくましい人間に成長していく」**と理解すればいいでしょう。

つまり、ディズニーは、「逆境、トラブル、障害」に対して、そのように前向きにとらえていたからこそ、最終的に夢を叶え、そして成功者になれたともいえます。

トラブルが、その人をたくましく成長させる。

10

壁にぶつかっても、今のまま努力を続ける

「自業自得」の由来には、次のようなエピソードがあります。

あるとき、仏教の創始者であるブッダのもとへ、１人の男がやって来ました。

その男はブッダに、「世間の人たちは、『ブッダが祈れば、すべての人が天国に行ける』と噂をしているが、それは本当なのか」と尋ねました。

するとブッダは、その男に次のように尋ね返しました。

「大きな石を池に投げ入れて、『石よ、浮かべ』と祈ったとしよう。その石は、果たして、浮かび上がると思うか」

その男は、「祈ったとしても、石は沈んでいくだろう」と答えました。

ブッダはまた、「池に油を投げ入れたとしよう。そして、『油よ、沈め』と祈ったとしよう。果たして、油は水の底に沈んでいくだろうか」とも尋ねました。

その男は、「祈ったとしても、油は水の上に浮かぶだろう」と答えました。

ブッダが、その答えを聞いたあと、「祈ったからといって、人間が天界へ行くことはない。よい行いをすればその人は天界で生まれ、悪い行いをすれば、その人は地獄へと落ちていくだろう」と述べました。

つまり、「自分の未来がどうなるかは、今の自分の行いが決める」のです。そしてそれが、あらゆる人に共通する人生法則のひとつなのです。

努力していれば、必ずよいことがあります。

もちろん、その途中で壁にぶつかったり、挫折したりすることもあるかもしれません。しかし、そこでイライラしたり、焦ったりすることはないのです。

「必ずよい結果が得られる」と信じて、気持ちを落ち着かせて、努力を続けることが大切です。

努力は必ず報われる。

第4章のまとめ

アタマではわかってるつもり…

いくつ実行してる？リスト

- □ 「トラブル解決は絶好のチャンス」だと知っている
- □ トラブルには、「自分の自信になる」と楽観的に解決に取り組んでいる
- □ トラブルをうまく解決すれば、社内で存在感を高められると知っている
- □ トラブルが起こったときに上司に報告すべき理由を説明できる
- □ 楽観的になることで、「今」を見ることができる。これがトラブル解決のコツだと知っている

「逆境、トラブル、障害が人を強くする。強さが自信になり、イライラしなくなる」

第5章

「完璧主義」と「うぬぼれ」を捨てる

5
chapter

1

「完璧な仕事」よりも「よりよい仕事」を目指す

「完璧主義」の傾向が強いタイプの人がいます。

「何事も完璧でなければ満足できない」という性格です。

しかし、このような完璧主義タイプの人は、そのために「イライラが止まらなくなる」ということがよくあります。

仕事でちょっとでも思うようにならない点が出てくると、気持ちがイライラしてきてしまいます。

予定していたことが狂ったり、ちょっとしたミスを発見したりするだけで、もうイライラが止まらなくなります。何事もきちんとやらなければ気が済まず、その仕事を最初からやり直すこともあります。

また、やり始めたらとことん極めたくなるため、疲れきってしまいます。その結果、やる気を失って、途中で仕事を投げ出してしまう事態に発展することもあります。

つまり、「完璧な仕事」を目指していながら、イライラのために結局は、「完璧な仕事」から遠ざかってしまうことになるのです。

そうなってしまっては何の収穫もありません。ここで大切なことは、その完璧主義的な性格を少し和らげることです。

「よりよい仕事」を目指すのはすばらしいことです。しかし、必要以上に「完璧な仕事」を目指さなくてもいいのです。むしろ、「完璧な仕事」を目指すと、「よりよい仕事」さえ実現することができなくなってしまう場合もあるのです。

イライラしないためには、完璧を目指すのではなく、自分が設定したハードルを下げ、ほどよい成功を目指すことが大切です。


「完璧」を目指すから、イライラが止まらなくなる。

2 まず大切なのは「今の実力」を知ることである

イギリスの政治家で、首相を務めたウィンストン・チャーチルは、**「完璧主義では、何もできない」**と述べました。

仕事に「完璧」を目指す人は、思うようにならないことに直面するたびにイライラが止まらなくなり、結局は、投げやりな気持ちになって終わってしまうこともあるのです。

そういう意味のことを、チャーチルは、「完璧主義では、何もできない」という言葉で表現したのです。

したがって、完璧主義的な性格は、少し和らげていくほうがいいのです。

完璧主義的な性格を和らげていくために大切なことは、まずは、今の自分の実力を正確に知ることが大切です。

たとえば、つねに70点ぐらいの点数を取るのが今の自分の実力だとします。

その人がいきなり100点満点を目指すというのはかなり困難なことで、無理をすると途中で挫折してしまうでしょう。

まずは80点を取ることを目指してみてください。

そのようにして、今の自分の実力から少しずつ「よりよい仕事」を目指してがんばってみるのです。

80点をつけられる仕事をやり通すことができれば、その経験がその人にとって大きな喜びになります。

その喜びは、「次には90点をつけられる仕事を目指してがんばっていこう」という意欲の原動力になるはずです。

そのようにして、少しずつ成長していけばイライラを避けられます。

今の実力から手が届く目標を掲げる。

3 「自分の実力は不十分である」と認める

古代ローマのアウグスティヌスは、「自分の実力が不十分であると知ることが、自分の実力を充実させる」と述べました。

この言葉にある「自分の実力が不十分であると知ること」とは、「自分には完璧、すなわち100点満点を目指すだけの実力が備わっていないと自分自身で認める」ということです。

本人にすれば、自尊心を傷つけられることかもしれません。悔しい思いをすることかもしれません。

しかし、「今の自分の実力は、この程度のものでしかない」と認めなければ、そこから成長していくことはできないのです。

今の自分の実力を知っていてこそ、そこから謙虚な姿勢で、少しずつ自分を成長させていくことができます。

そういう意味のことを、アウグスティヌスは、「自分の実力が不十分であることを知ることが、自分の実力を充実させる」という言葉で表現したのでしょう。

この言葉にある「自分の実力を充実させる」とは、**「よりよい仕事ができる人間へと少しずつ成長していく」**ということなのです。

完璧主義的な性格が強い人は、往々にして、「プライドが高い人」が多いようです。

「私は高い能力を持っている。私はほかの人よりも優れている」という強いプライドから、「完璧」を目指してしまうのです。

そんな「プライドが高い人」にとって、「今の自分の実力」を認めることには心理的に抵抗感を覚えることがあるかもしれません。

しかし、**現状を認めなければ、成長は望めない**のです。

現状を認められない人に、成長は望めない。

4 「爪先立つ生き方」では、長く立っていられない

古代中国の思想家である老子(ろうし)は、「爪先立(つまさきだ)つ人は、立っていられなくなる。大股(おおまた)で歩く人は、遠くまでは歩いていけない（意訳）」と述べました。

この言葉にある「爪先立つ」とは、思いっきり背伸びをして、爪先で立つ、ということです。「爪先立ちでは、そう長い時間、立っていられない、バランスを失って倒れてしまう」と老子は述べているのです。

「大股で歩く」は、「一刻も早く遠くまで行きたい」と大股で歩くことです。

しかし、無理をして大股で歩けば、足が疲れてしまって、かえって遠くまで歩いて行けなくなります。

もちろん、この言葉は単に「立ち方」「歩き方」について述べられたものではありません。この言葉は、「人間の生き方」について述べられたものなのです。

つまり、「爪先立つ」とは「自分の実力以上のものを、無理をして目指す」ことであり、そんなことをすれば、「無理がたたって、結局はうまくいかなくなる」ことを指摘しているのです。

「大股で歩く」のも、「自分の実力を超えて、『早く大きな成果を出したい』と無理をすること」です。

それでは、「無理がたたって心身ともに疲れきり、結局、うまくいかない」のです。

この老子の言葉は、「自分の今の実力を正確に理解し、無理をせずに少しずつ精進していくことが大切だ」ということを指摘しているのです。

つまり、無理をするから、イライラが止まらなくなる、ということです。

自分の実力に見合った生き方をするのがいい。

5 実力で叶えられるチャンスを確実にこなしていく

『イソップ物語』に、「ライオンとウサギ」という話があります。

1頭のライオンが獲物を探していました。すると、眠っているウサギを見つけました。そこに1頭のシカが通りかかりました。

シカであれば、ウサギよりもたくさんの肉を食べられます。

ライオンは、ウサギを放っておいて、シカを追いかけました。

しかし、シカはライオンより足が速いのです。ライオンは、結局、逃げ出したシカに追いつくことができませんでした。

ライオンはシカを追うのをあきらめて、先ほどのウサギがいたところに戻りました。

しかし、そこには、もうウサギはいませんでした。

そのウサギは、逃げるシカやシカを追いかけるライオンの足音で目を覚まし、逃げていってしまったのです。

この話は、仕事に置き換えると、**「自分の実力以上のものを追い求めてはいけない。自分の実力で実現できることを確実にこなしていくことが大切だ」**ということを指摘しています。この話に出てくる「シカを追いかける」ということは、つまり、「自分の実力以上のものを追い求める」ことを表しています。

ライオンがシカに追いつけなかったように、自分の実力以上のものを追い求めても、結局は失敗してしまいます。

そして、ライオンがウサギまで取り逃がしてしまったように、「実力で実現できたはずのチャンスも逃がしてしまう」ということになりかねません。

そこで、「何も実現できなかった」とイライラしても、もう遅いのです。

自分の実力で実現できるチャンスを確実にとらえていくことが大切です。

自分の実力以上のものを追い求めない。

6 「道理に合わないこと」を経験しても平常心でいる

「プライドを持って仕事をしていく」ということは、もちろん大切なことだと思います。健全なプライドがあってこそ、自信を持って仕事に臨んでいくことができます。また、困難に直面することがあっても、それを乗り越えていくことができるのです。

しかしながら、その**プライドがあまりに高くなりすぎると、精神的にいろいろな問題が生じてきてしまいがち**です。

「プライドが高すぎる人」は、職場の中で自分がもっとも注目されていないと満足できません。それにもかかわらず、同僚の誰かが、上司から大きなプロジェクトに抜擢されることがあります。

すると、「プライドが高すぎる人」は、「私のほうがずっと仕事ができるのに、どうして私がプロジェクトに抜擢されないのだろう。どうして、私よりも仕事ができない、あんな同僚が抜擢されるのだろう。これは、エコヒイキではないか」と、イライラが止まらなくなってしまうのです。

しかし、実際にはそのように、仕事ができない人のほうが抜擢されたり、上司にエコヒイキされたり、あるいは、先に出世したりということがよくあります。会社では、そのような「道理に合わないこと」がよくあるのです。

たとえ「道理に合わないこと」を経験するようなことがあっても、自分が傷つけられたと感じず、現実を受け入れるのです。平常心を保ちながら自分がやるべきことをたんたんと進めていくことができるようになることが大切なのです。

そして、そのためには、**自分に与えられた仕事に取り組むプライドだけは持っておく**ことが大事です。

プライドは大事だが、あまり高くなりすぎないようにする。

7 何度でもチャレンジする「ねばり強さ」を持つ

ある男性は、会議の席であるアイデアを発表しました。

彼の中で「これはすばらしいアイデアだ」と自信を持っていたものです。しかし、上司から、「ありきたりの意見だ。それに実現できる可能性もない」とあっけなくはねられてしまいました。

彼は「上司が許せない。あの上司はまったくわかっていない」と怒り、それ以来、上司の顔を見るたびにイライラが止まらなくなってしまったそうです。

そのために、仕事への意欲を失い、業績も伸び悩んでいます。

実はこの男性は「とてもプライドが高い人」で、自信があったアイデアを上司から否定されたことで、プライドを大きく傷つけられてしまったのです。

「プライドが高い人」というのは、このように一度挫折を経験すると、そこで心がポキンと折れてしまうことがあります。

そこで踏ん張って、アイデアの欠点を見直して、何度でも自分のアイデアを出し直すという努力ができないのです。精神的な「ねばり強さ」というものが欠けていることが多いのです。

しかし、**仕事で大きなことを成し遂げて成功するためには、「ねばり強さ」が非常に大切**です。**たとえプライドを傷つけられるような経験をしても、何度でも立ち直ってチャレンジし続ける「ねばり強さ」**です。

そのようなねばり強さがない人は、結局は、仕事の場で埋(うず)もれた存在になりかねません。

ねばり強い人が、仕事で成功する。

8

最後まで「私は絶対に成功する」と信じる

プライドを傷つけられる経験をして、すぐにイライラしたり、腹を立てたり、やる気をなくしたりしてしまうような人は、いわば「健全なプライド」の持ち主ではないようです。そのようなタイプの人は、単に「うぬぼれが強い人」にすぎないのかもしれません。

「健全なプライド」を持っている人は、たとえ上司から否定的なことを言われたり、自分のアイデアが採用されなかったりするような経験をしても、「私は、こんなところで終わる人間ではない。最後には、私は必ず成功をつかみ取ってみせる」と自分を信じて、ねばり強く努力を続けることができる人なのです。

言い換えれば、「健全なプライド」とは、非難されることがあっても、挫折することがあっても、壁にぶつかることがあっても、最後までねばり強く自分を信じ続けることができる精神力だと思います。

ちょっと心を傷つけられるような経験をすると、すぐにやる気を失ってしまうような人は、「自分を信じる力」が足りないのです。

そのような人は、「健全なプライド」の持ち主とはいえず、単に「うぬぼれが強い人」にすぎないでしょう。

本田技研工業の創業者である本田宗一郎は、「私の心の支えは、『この私がこれほど打ち込んでいる以上、絶対に成功する』という自尊心だった(意訳)」と述べています。

本田宗一郎は、たくさんの挫折などを経験しながら、最後まで自分の力を信じ続けたのです。それが、この言葉に言い表されています。

そして、これが**「健全な自尊心」**だといえるのです。

自分を信じられる人が成功する。

「突かれて破裂してしまう」ような人間にはならない

フランスの思想家であるヴォルテールは、「自尊心とは、空気でふくらませた風船のようなものである。ちょっと突いただけで簡単に破裂して風になってしまう。しかし、そのような自尊心は『健全なプライド』ではない（意訳）」と述べました。

この言葉にある「ちょっと突く」とは、たとえば、「人から否定的なことを言われる」「人から非難されるようなことを言われる」ということです。その結果、「プライドを傷つけられる」のです。

「破裂する」とは、「心が破(やぶ)けてしまう」の意であり、「風になる」とは「がんばる意欲をなくす」ということでしょう。

ちょっと言われただけで、「夢や希望を失って、心が空っぽになってしまう」のです。

しかし、ちょっと傷つけられるだけで、そのようにやる気をなくしてしまうのは、

「健全なプライド」ではありません。

仕事の場では、否定・非難されるようなことは日常茶飯事(さはんじ)です。叱られたり、バカにされたり、見下されたりすることが、しょっちゅうあると思います。

どんなにすぐれた能力を持っている人であっても、そのような悔しい思いを何度となくするものなのです。

そのたびに、イライラしたり、怒ったり、落ち込んだりしていては、仕事の場でたくましく生き残ってはいけません。

したがって、つまらないプライド、つまらないうぬぼれは捨てて、決してめげることなく自分を信じ続ける「健全なプライド」を身につけることが大切です。

つまらないプライド、つまらないうぬぼれを捨てる。

第5章のまとめ

アタマではわかってるつもり…

いくつ実行してる？リスト

- ☐ 今の自分の実力を知っている
- ☐ 今の自分の実力で実現できる仕事を確実にこなしている
- ☐ 仕事に取り組むためだけのプライドを持っている
- ☐ 傷つけられてやる気をなくすことは、うぬぼれが強いだけだと知っている
- ☐ 道理に合わないことがある、と現実を受け止められる

「めげずに自分を信じ続ける
“健全なプライド”を
身につけた人は、
イライラしない」

第6章

現状を客観視する習慣を持つ

1 「出世」のために必要な2つのことがある

「出世」という言葉があります。

一般的には、会社などで高い地位・役職に昇進していくことを意味しています。

しかし、この「出世」という言葉の語源は、仏教にあるのです。

仏教でいう「出世」には、2つの意味があります。

ひとつには、**「世を出る」**ということです。騒がしい世間から遠ざかって、心の安らぎを得るのです。ひとりになって物事を深く考えることです。

もうひとつには、**「世に出る」**という意味があります。世間というものへ戻っていき、そこで苦しみながら生きている人たちに仏教の教えを広げる、ということです。世間で苦しんでいる人たちを救ってあげるのです。

仏教の開祖であるブッダも、いったん世間から遠ざかってひとりで修行を積み、そして悟りを得たあとには、世間に戻って仏教の教えを広め、苦しむ人を救う活動に身を捧げました。

この「出世」という言葉の語源の意味は、職場で働く人たちにも参考になると思います。

つまり、時には、職場の人たちから離れてひとりになることも必要なのです。いわば「世を出る」ということです。それは心を安らげ、物事を深く考える時間です。

そして、そこで「そうだ、こうすればいいんだ」というよいアイデアを見つけたら、そのアイデアを実現するために、職場の人たちを説得して回るのです。それは、いわば「世に出る」ということです。

この「出世」という言葉が持つ2つの意味を実践していってこそ、会社の中でイライラせずに仕事していくことができるのではないでしょうか。

「世を出る」「世に出る」ということを実践する。

2 「自分を客観視する能力」を身につける

心理学に「アソシエイト」と「ディソシエイト」という言葉があります。

「アソシエイト」は、「自分の感情に振り回されてしまって、『今の状況がどうなっているか』『今自分は何をすればいいか』ということを冷静に考えることができなくなった精神状態」を言い表しています。

「イライラが止まらなくなった状態」などは、まさに「アソシエイト」といっていいでしょう。

心理学では、仕事ができる人や能力が高い人は、この「アソシエイト」になることが少ない、と考えられています。

一方で、**「ディソシエイト」**には、本来は「分離する」「引き離す」という意味があり、心理学的には**「感情と理性を切り離して、自分や状況を客観的に、冷静に見つめ**

る精神状態」を言い表しています。

この「ディソシエイト」と呼ばれる能力を高めていくことが、仕事で成功し、大きなことを成し遂げるための大切なコツのひとつになります。

ですから、働く人たちにとって大切なのは、「絶えず自分や状況を客観的に冷静に見ていく能力」を持つことです。

イライラしているときに自分自身を客観的に見てみると、「なんでこんな小さなことでイライラしていたんだろう」と気づくことができます。

すると、「イライラしても何の解決にもならない」と、これから自分がどうすべきか考えるようになっていきます。

このような高い「ディソシエイト能力」があってこそ、的確な判断や行動ができ、その仕事を成功に導くことができるのです。


仕事ができる人は、感情に振り回されない。

3 ひとりになると、「冷静な自分」を取り戻せる

人間は、感情的な生き物です。ちょっと思うようにならないことがあっただけでも、心の中にはさまざまな感情がうずまきます。

それは、イライラや怒り、焦りや不安といったネガティブな感情です。

しかし、そこでイライラした感情に振り回されてしまったら、仕事が停滞してしまいます。物事を冷静に的確に判断する能力が低下して、何をどうすればいいのかわからなくなってしまいます。

そして、仕事への意欲を失い、投げやりな働き方になってしまうのです。

もちろん、時には、イライラしてしまうことは仕方ないと思います。

しかし、大切なのは、ネガティブな感情に振り回されないことなのです。「冷静な自分」に立ち返って、「では、どうすればいいいか」と客観的に、理性的に考えてみる

ことなのです。そして、そのためには、「ディソシエイト能力」を高めることが必要になります。

「ディソシエイト能力」を高めるために、とても簡単な方法があります。

それは、「ひとりになる」ことです。

職場では、大勢の人に囲まれながら仕事をしている人が多いと思います。しかし、そのような騒がしい、慌ただしい環境では、なかなか「冷静な自分」を取り戻すのが難しいものです。

そこで、ちょっとデスクを離れて、ひとりになってみます。屋上へ行ったり、外へ出たり、休憩室に行ってもいいでしょう。

ひとりになると、自然に、冷静に物事を考えることができるようになるのです。


感情的になりそうなときは、ひとりになってみる。

4 イライラしているときは、ひとりでランチに行く

ある女性は、仕事がうまくいかず、イライラした気持ちが止まらなくなったようなときには、できるだけ「ひとりの時間」を作るようにしているといいます。

たとえば、昼休みです。

彼女は、いつもは、同僚たちと一緒にランチを食べに行きます。

しかし、仕事のことでイライラしているようなときは、ひとりで食事をするようにしているのです。

それは、気持ちを鎮めるためです。冷静になって、「どうして仕事がうまくいかないのか」ということを考え直すためなのです。

また、仕事を終え帰宅する際も、仕事のことでイライラしているときは、同僚からの誘いを断り、ひとりの時間を作るようにするそうです。また、仕事中であっても、

イライラが止まらなくなったときは、休憩室に行くなどして、ひとりになるようにしているのです。彼女にとって、ひとりの時間は、冷静な自分を取り戻す時間になっています。

人は、誰かに歩調を合わせているだけで心が疲れてしまうものです。ひとりになることは、心を安らげ、混乱した頭の中を整理するために必要な行為です。

さらに、状況を冷静に見つめ直すための貴重な時間になっています。

言い換えれば、**ひとりになって冷静な自分を取り戻す時間があるからこそ、イライラせずに周りの同僚たちとも円満にやっていくことができるのです。**

簡単な方法ながら、意外と効果的なのです。

ひとりの時間があるから、仕事仲間とうまくやっていける。

5 「私はイライラしている」と、文字にして書き出してみる

前述の「ディソシエイト」、つまり**「自分を客観的に見る。状況を冷静に判断する」ための方法のひとつに、「文字に書き出す」**ことが挙げられます。

たとえば、仕事がうまくいかず、イライラしているとします。

そのようなとき、手元にあるノートに、イライラの内容を書き出してみるのです。「私はイライラしている」と書くだけでもいいです。

それは、「イライラしている自分」を、ちょっと離れたところから客観的に観察することにつながります。

これだけで、フッと心が冷静になるときがあります。

そのように冷静な自分を取り戻してから、さらに、「なぜ、このような状況にあるのか」「では、どうすれば問題を解決できるのか」といったことを文字にして書き出

していきます。

そうすることで**心の中が整理されていき、イライラした感情からさらに一層、遠ざかっていく**ことができるでしょう。

そういう意味では、問題が生じたときや何か思いついたときなど、すぐに「文字にして書き出してみる」という習慣を日頃から持っておくといいと思います。

文字にして書き出せるノートやメモ帳、手帳といったものをいつも手元に置いておき、頻繁に書き出す習慣を身につけておくのです。

特に「イライラしやすい」という自覚症状がある人は、このように「文字にして書き出す」ということを習慣にするといいでしょう。

そうすることで、イライラすることがずいぶん少なくなっていくはずです。その結果、心穏やかに暮らしていけるようになるでしょう。


いつもノートを手元に置いておく。

6 「動中の静」を心がけて、仕事をしていく

「動中の静」という言葉があります。

これは、「活発に活動しながらも、心を静かに守っている」ということを意味しています。

この「動中の静」ということを心がけていくことはとても大事です。

職場で働く人にとっても、大切な心がけのひとつになると思います。

職場は、まさに「動」の世界です。

慌ただしく人が行き来し、たくさんの人たちの声が飛び交い、しょっちゅうメールや電話の対応に迫られます。

商談やミーティングの予定がぎっしりと詰まっていて、絶えず動き回っていなければならない人もいます。

そのような**「動」という環境の中でも、心の「静」を保っておくことが大切**です。

心の「静」を保つとは、言い換えれば、イライラや焦りといった感情に振り回されるのではなく、**客観的にものを考えることができる冷静な自分自身を保つ**、ということです。

このような「動中の静」を実践できるビジネスパーソンであればこそ、仕事の場で正しく的確な判断ができるのだと思います。

また、大きなことを成し遂げて成功をつかみ取ることができるでしょう。

逆の言い方をすれば、「動中の動」、つまり、慌ただしい職場環境に振り回されて、心まで落ち着かなくなってしまうようでは、つまらないミスを繰り返すだけではないでしょうか。

騒がしい職場の中で「静かな心」を保つ。

7 「動中の工夫」をして、安らかな心を保つ

江戸時代中期の禅僧に白隠（はくいん）がいます。

白隠は、

「動中の工夫のほうが、静中の工夫よりも、百千万倍勝（まさ）っている（意訳）」

と述べました。

座禅というのは、一般的に、静かな環境の中で、身を動かさずにジッと座りながら行います。そうすることで、心の安らぎを得ようとするのです。

それが、「静中の工夫」です。

しかし、白隠は、そのような静かな環境で行う座禅よりも、「動中の工夫」のほうがさらに優れた修行法である、と指摘しているのです。

「動中の工夫」とは、慌ただしい環境の中で動き回りながらする「禅」のことです。

多くの人に囲まれた騒々しい環境の中で、自分も動き回りながら、それでも「安らかな心」を保っていくための工夫をすることです。

そのような「動中の工夫」をすることのほうが勝っている、と白隠は考えたのです。

職場で働く人たちも同様に、「動中の工夫」ができる人が「勝っている」「優れている」のではないでしょうか。

では、「工夫」にどのようなものがあるかといえば、それは、前述したように「ひとりになって、冷静な自分を取り戻す」ということです。

あるいは、「文字にして、客観的に物事を考えてみる」ということなのです。

そのように、**慌ただしい環境の中で「安らかな心」を保っていく「工夫」ができる人が、大きなことを成し遂げられる**のです。

「動中の工夫」をしている人が成功する。

困ったときには、信頼できる人に相談してみる

仕事の場で、「いくら考えても、なかなかよいアイデアが思い浮かばない。イライラしてくる」というときがあります。

しかし、いくらイライラした精神状態で思いつめたところで、よいアイデアが浮かんでくることはないでしょう。

むしろ気持ちが乱れて、思考力も低下し、よいアイデアから遠ざかっていくことになりかねません。

やがて、「私は能力がない社員だ」と、自己嫌悪に陥っていくことにもなるのではないでしょうか。

そのようなときは、「信頼できる人に相談する」ことで、頭の中が整理されてよいアイデアが思い浮かんでくることがあります。

まず、今の状況や、自分自身の心境を人に説明することで、その状況や自分を客観的に見つめ直すことにつながります。

また、その相手から、「こういう方法もあるのではありませんか」とアドバイスを受けることによって、「なるほど、そういう方法もあるのか。そういう考え方もできるのか」と、思わずひざを打つことがあります。

それによって視野が広がり、また、状況や自分を冷静に見つめ直すことにつながるのです。

そして、「こういうことを試してみよう」とアイデアまでたどり着くことができれば、もう心の中からはイライラという感情は消えてなくなっていることでしょう。

ひとりで思い悩んでいては、一層イライラが募っていくだけです。

人に相談しているうちに、心が整理されていく。

9 「少し上から自分を見ている」もうひとりの自分を意識する

プロ野球で活躍したある投手は、「調子がいいときはいつも、意識が自分の体から離れて、少し上から自分自身を眺めているような不思議な感覚があった」と述べていました。

もうひとりの自分が、少し上のほうから、ボールを投げる自分自身を見ていたのです。そして、「フォームが少し崩れている」「少し弱気になっているようだ」などと、もうひとりの自分が自分自身にアドバイスしてくれているような不思議な感覚になったそうです。

そんな「もうひとりの自分」のアドバイスに従って、フォームを修正、あるいは気持ちを切り替えることで、彼は、狙いどおりのボールを投げられたり、三振に打ち取ったりすることができたそうです。

それ以来、自分で意識して、「少し上のところから自分の姿を見る」という感覚を持つように心がけていたといいます。

この「少し上から自分自身を眺める」と意識を持つことは、心理学でいう「ディソシエイト」につながります。

つまり、**「自分自身や状況を、少し離れた地点から客観的に、冷静に見つめる」**ということなのです。

職場で働く人たちも、神様になったつもりで、空の上のほうから自分を見ている意識を持つように心がけてみてもいいと思います。

そのような意識を持つことで、「冷静な自分」を取り戻すことができるのです。

「こんな小さなことでイライラしているなんて、なんてバカらしいんだろう」ということに気づくこともできると思います。

神様になったつもりで、自分を上から見てみる。

第6章のまとめ

アタマではわかってるつもり…

いくつ実行してる？リスト

- □ ひとりになる時間をつくっている
- □ ひとりの時間があるから、同僚と円満な関係が築けることを知っている
- □ イライラを文字に書き出して、心の整理をしている
- □ 今の状況や自分の心境を人に相談することで、自分を見つめ直している

「自分を客観視する
能力を身につけると、
イライラすることが
何の解決にもならないと
わかってくる」

第7章

平常心を保つトレーニングをする

7
chapter

1

どんなに賢い人でも、イライラすることがある

古代中国の思想家である孔子は、「難いかな、恒あること」と述べました。

この言葉にある「難いかな」とは、「なんて難しいことなんだろう」ということです。

また、「恒あること」とは、「気持ちが変わらないこと」を意味します。

すなわち、「平常心を保ち続けること」です。

つまり、孔子は、「平常心を保ち続けることは、とても難しい」と言っているのです。

ときどき、「この人は賢明だ」と周りの人たちから尊敬されているような人が、イライラした気持ちで誤った判断をして、みずから窮地に陥ってしまうことがあります。

また、普段はとても穏やかで落ち着いた性格のはずの人が、ちょっとした怒りのせいで不用意な発言をしてしまい、大失態を招いてしまうこともあります。

そのような人たちの例をあげながら、孔子は、「平常心を保ち続けることは、なん

て難しいことなのだろう」という感想をもらしたのです。

言い換えれば、**普段から「平常心を心がけておく」ことがそれだけ大切なのだ**ということなのです。

人間は、感情的な生き物です。

どんなに賢い人でも穏やかな人であっても、困難やピンチに直面するときがあります。イライラしたり、焦ったりもします。

しかし、**困難やピンチの局面のときこそ、人間性がはっきりと現れる**ものです。

ある意味、自分の器量が試されてしまうのです。

ですから、意識して平常心を心がけていくことが大切です。


普段から常に平常心を心がけていく。

2 もっとも大切なのは、「平常心」を保つこと

「平常心」という禅の言葉があります。

一般的には「へいじょうしん」と読みますが、禅の世界では「びょうじょうしん」です。これには、「感情を乱すことなく、いつもと変わらない落ち着いた気持ちを保つ」という意味があります。

昔、禅の修行者が師匠に、

「悟り（さと）を得るために大切なことは何ですか」

と尋ねました。

するとその師匠は、

「平常心こそ、もっとも大切なことだ」

と答えました。

どのような状況になっても、他人から何を言われようとも、そこでイライラしたり、怒ったり、落ち込んだりすることなく、落ち着いた気持ちを保っていくということです。禅の修行というものは、この平常心を自分のものとするために行われるといってもいいでしょう。

禅の世界で平常心を得るための方法として行われるのは、「瞑想」です。すなわち、「座禅」です。瞑想しながら心から雑念を取り払い、無心になることです。

職場で働く人たちも、イライラする状況になったときは、少しの時間、職場を離れて静かに瞑想することもいいと思います。

静かに呼吸をし、意識を呼吸に集中させます。そうすることで**無心になれ、イライラする感情も消え去っていく**のです。

その場で、静かに瞑想してみる。

3 背筋を伸ばすだけでも、気持ちが落ち着いてくる

座禅をするときには、背筋をピンと伸ばします。

「頭からロープで引っ張られているようなイメージを持つといい」と表現されることもあります。

そのようなイメージを持つことで、背筋がまっすぐにピンと伸びるのです。

この「背筋をピンと伸ばす」ということには意味があります。

そのように姿勢を正すことで、呼吸をしやすくするのです。

空気の通り道である気道が広がって、空気を存分に吸い込むことができるのです。

体内にたくさん空気を取り込むと、副交感神経の働きがよくなって、気持ちが安らかになります。

深呼吸と同じ原理です。

机で仕事をしているとき、人はややうつむき加減になっています。

そのような姿勢では、気道が狭くなり、呼吸が浅くなります。

ですから、イライラが止まらないときは、意識して背筋をピンと伸ばすことも効果的です。

少しの間、パソコンや書類から目を離して、顔を上げて背筋を伸ばします。そして、深呼吸を何度か繰り返すことも必要です。

深い呼吸をゆっくりと何度か繰り返すうちに、自然に気持ちが落ち着いてきます。イライラした感情が、スーッと自然に消え去っていくのを実感できるのではないでしょうか。

うつむいたままでいると、一層イライラが募ってきます。

顔を上げて背筋を伸ばし、ゆっくりと呼吸する。

4 「身」の工夫によって「心」が安らぐ

仏教の修行法の中に「禅(ぜん)」があります。

曹洞宗や臨済宗などは一般的に「禅宗」と呼ばれていますが、これらの宗派は「禅」という修行法に特化して悟りを得ようとするのです。

「禅」には、本来、「心からいら立ちや怒りといった雑念を取り払い、安らぎを得る」という意味があります。

その方法として禅が重要視しているもののひとつに、「呼吸法」があります。

「静かに呼吸する。深く息を吸い、ゆっくりと息を吐き出す」という呼吸法です。

そのような「深い呼吸」を繰り返すことで、「心の安らぎ」が実現する、ということなのです。


「深く息を吸い、ゆっくりと息を吐き出す」という行為は、副交感神経の働きをよく

し、安らかな気持ちにさせることが、現在、医学的にもわかってきています。

こんなちょっとした身体的動作によって、心に「安らぎ」がもたらされます。

つまり、イライラした感情がスッと消えてなくなっていくのです。

禅では、普通、静かに座禅しながら、この「深い呼吸」を行います。

また、座禅は、一般的に朝と夜に行います。

このような修行を日々の習慣にすることで、イライラしたり、怒ったりしない、安らぎに満ちた心が実現するのです。

会社に勤めている人も、たとえば、出勤前と夜寝る前に、少しの時間、「静かに深い呼吸をする」という習慣を持ってもいいと思います。

「禅」には、「心を安らげる」という意味がある。

5 平常心でいてこそ「的確な判断」ができる

将棋のある棋士が、対戦中にもっとも心がけていることは「平常心」だ、と言っていました。

棋士は数百手先まで読んでいるそうですが、相手のあるものなので、なかなか思いどおりにならないこともあります。

どのような攻め方、守り方をすればいいのか、なかなかよいアイデアが思い浮かばないこともあると思います。

そんなときは、気持ちがイライラしてきます。

しかし、そこで感情を乱してしまうことは、判断を誤る大きな原因になってしまいます。

ですから棋士は、どのような状況になっても、「平常心を保つ」ということを心がけているのです。

平常心を保っていてこそ、的確な判断をして、次の一手を打っていくことができるからです。

この話は、どのような仕事にも通じると思います。

どのような仕事であれ、「平常心を保つ」ことがとても重要になってきます。

仕事の場では日々、いろいろな判断をしていかなければなりません。

上からの命令にただ従うばかりではなく、自分で判断し、自分で行動していかなければならない場面も多くあります。

その際に、イライラしたり、焦ったりしていては、判断を誤って大失敗を招くことにもなりかねないのです。

したがって、「平常心でいる」ということが仕事で成功するコツのひとつになります。

平常心でいられる人が成功する。

6 気持ちが乱れているときには、重要な判断はしない

江戸時代初期から中期にかけての養生学者に、貝原益軒がいます。

益軒は、

「イライラや焦り、怒りの感情などで心が乱れているときは、事をなすべきではない。平常心になってから、事をなすべきである(意訳)」

と述べました。

この言葉にある「事をなす」とは、たとえば、「重大な判断をする」ということを意味します。また、「重要な行動をする」といったことです。

イライラなどの感情が乱れているときには、判断を誤りやすくなります。

また、行動の中で大きな失敗をしやすくなります。

そのために、悪い結果を招いてしまうことになる可能性が高まります。

したがって、感情が乱れているときには、重大な判断や重要な行動はしないほうがいいのです。

感情が乱れているときにまずやるべきことは、その乱れた感情を平静に戻すことです。

平常心に戻ることが大切です。

そのために、深呼吸で気持ちを整えてみてもいいでしょう。

ちょっとの間、目を閉じるだけでもいいかもしれません。

あるいは、その日は早めに帰宅して、ゆっくりと寛(くつろ)ぎ、十分に平常心を取り戻してから、翌日に重大な判断や重要な行動をするほうがいい場合もあると思います。

それが、「仕事の成功」につながっていくのです。

平常心に戻ってから、判断や行動をする。

7

「がんばりすぎ」てしまうと、精神のバランスが崩れる

職場の上司の中には、「もっとがんばれ」とハッパをかけてくる人もいます。

部下も素直に「そのとおりだ。もっとがんばらねば」と聞き入れ、気合を入れて仕事に立ち向かう人も多いでしょう。

もちろん、一生懸命になってがんばるのは貴重なことだと思います。

しかし、必要以上にがんばりすぎてしまうと、それが強いストレスとなって跳(は)ね返ってきます。

そのために、平常心を失い、イライラが止まらないということにもなりかねないのです。

古代中国の思想家である孔子は、

「過ぎたるはなお及ばざるがごとし」

と述べました。

「過ぎたるは」は「限度を超えると」、「及ばざる」とは「足りない」ということです。

つまりこの言葉は、「限度を超えてしまうと、足りないのと同じくらいよくないことになる」と言い表しています。

言い換えれば、**「限度を超えてがんばりすぎてしまうことは、まったくがんばらずに怠けているのと同様によくない結果となる」**となります。

孔子もまた、がんばりすぎるとストレス過剰になって、健康的にも精神的にもバランスを崩してしまうことになりかねないと指摘しているのです。

がんばることは大切ですが、休む勇気も必要です。

身体と精神をいたわり、ほどほどのバランスを保つことが大切です。


バランスよくがんばっていくのがいい。

「中庸」を心がけながら働くのがもっともいい

古代中国から受け継がれてきている思想に、「中庸（ちゅうよう）」があります。

これは、「極端に片寄ることなく、バランスよく調和が取れている状態」を表す言葉です。

この思想は「中庸というものを心がけて生きていくのが、人間にとってもっとも幸せだ」という意味になります。

職場で働く人たちにとっても、この「中庸」という考え方はとても参考になるのではないでしょうか。

たとえば、「がんばって成功しよう」「がんばってすばらしい人生を実現しよう」と意欲を持つことは大切です。

しかし、自分が持っている能力を超えてがんばりすぎてしまえば、それが強いストレスになって心にのしかかってきます。

そのために、「ちょっとしたことで、イライラが止まらなくなる」という精神状態になってしまう場合もあるのです。

だからといって怠けていたら、上司から叱られ、同僚たちから軽蔑され、それはそれでイライラが止まらなくなる原因になります。

したがって、怠けるのでもなく、がんばりすぎるのでもなく、ちょうどいいバランスを取りながら、仕事を進めていくほうがいいのです。

それが、「中庸」という考え方なのです。

バランスのよい、調和の取れた働き方ができているとき、人は「働く喜び」を実感することができます。

そして、もちろん、「イライラする」ということもないのです。


「怠けず、がんばりすぎず」を心がける。

9 人生は「休み休みしながら生きていく」のがいい

室町時代の禅僧に一休宗純がいます。

童話の「一休さん」のモデルになった人物です。

「一休」の名前は、文字どおり、「一休み」を表しています。「休憩する」ということです。

一休が禅の修行に入って間もないころ、師匠から、「禅の修行はどのようなものと思うか」と問われました。

それに対して一休は、

「迷いに満ちたこの世界から、迷いのない悟りの世界へと行く途中、雨に降られたり、風に吹かれたりすることもある。そのとき、私は、一休みしながら行こうと思う」

と答えました。

そこから、「一休」の名前がつけられたといわれています。

ところで、この一休の言葉は、「怠けないが、がんばりすぎもしない」という「中庸」の精神を表しているようにも思います。

この言葉にある「雨に降られる」「風に吹かれる」とは、言い換えれば、「苦境に陥ったり、苦難を味わったりする」ということであり、一休は、「人生には、そのような苦境や苦難に直面することがたくさんある」と述べているのです。

そして、**苦境や苦難を乗り越えようとするとき、無理をしてがんばりすぎてしまえば、途中で力尽きてダウンしてしまうことにもなりかねません。**

ですから、「私は無理をすることなく、一休みしながら修行する」と、一休は言ったのです。それが、**心穏やかに生きていくコツ**になるのです。

この一休の考え方も、「イライラしない」ために参考になると思います。

無理してがんばりすぎれば、途中でダウンする。

10

「吐く息」が、副交感神経の働きをよくする

人間の体には、自律神経というものがあります。

これは、人間の生命活動を支えるうえで、とても重要な役割を果たしています。

自律神経には、交感神経と副交感神経があります。

交感神経には、緊張感を高め、また、心身の働きを活発にする働きがあります。一方で、副交感神経には、心身の活動を安らげ、気持ちを落ち着かせる働きがあります。

イライラするときは、この交感神経の働きが必要以上に強くなりすぎている状態にあるともいえます。したがって、イライラするときは、副交感神経の働きを盛んにすることが大切です。副交感神経の働きを盛んにすることで、気持ちが落ち着き、また安らぐのです。

この副交感神経の働きをよくする方法に、「深呼吸」があります。

呼吸は無意識にできるもののひとつですが、きちんと意識して行う深呼吸は、どんな場所でも、いつでもできる、もっとも手軽な「イライラ解消法」としてとても理にかなっているのです。

特に、息を吐く際に副交感神経の働きがよくなります。大きく息を吸い込んだら、できるだけゆっくりと長く、息を吐くするようにするのです。

それが、イライラを消し去るうえで効果的な深呼吸の方法です。

イライラしたら、ひとまずその場でまず深呼吸です。その場から離れて行うのもいいでしょう。

心が安らぎ、平常心を保つことができます。また、落ち着いた気持ちで、「どうすればいいいか」ということを考えることができます。

吐く息を意識しながら、深呼吸をしてみる。

11 「穏やかな笑顔」と「飲み物」が、心を安らげる

副交感神経の働きをよくして気持ちを安らげ、それによってイライラを解消する方法に次の2つのことがあります。

＊穏やかな笑顔を作る。

＊飲み物を飲む。何かを食べる。

まず、「穏やかな笑顔を作る」ということで、イライラが消え去り、心が自然に落ち着いてきます。

ゲラゲラと大声を出して笑う必要はありません。あまり力を入れて笑いすぎると、かえって交感神経の働きが強まって、イライラも一層募っていくことにもなりかねないからです。

したがって、隣にいる同僚と世間話をしたり、あるいは、ちょっとした冗談を言い

合ったりして、穏やかな笑顔を作るぐらいでいいのです。

また、「飲み物を飲む。何かを食べる」ということも副交感神経の働きをよくします。飲んだり食べたりしたものを消化・吸収する際に、副交感神経の働きがよくなり、気持ちが安らぐのです。

したがって、仕事中にイライラすることがあったときは、何か飲み物を飲むのがいいでしょう。さらに、可能であれば、お菓子など軽いものを食べてもいいと思います。

ただし、覚えておいてほしいことがひとつあります。仕事をしながら飲んだり食べたりするのではなく、**できれば仕事の手をいったん放して、少し休憩し、**それから飲んだり食べたりすることをおすすめします。そうすることで、**副交感神経の働きをよくするだけではなく、心を安らげる効果がさらに高まる**のです。

どちらの方法も簡単なことなので、実践するといいでしょう。

仕事から少し離れて、笑顔で飲み物を飲む。

12 「和顔」を心がけて、心を穏やかにする

禅の言葉に「和顔」というものがあります。

これは、「穏やかなほほ笑みを浮かべた顔」を意味します。

そのような「穏やかな笑顔」を心がけながら生活することも「イライラしない」「心を安らかにする」ための禅の修行法のひとつなのです。

仏像には、特に釈迦如来像や阿弥陀如来像には、やさしい、穏やかなほほ笑みを浮かべた像が多くあります。**仏像を眺めていると、心が癒され、和やかな気分に変わっていきます。それらが「和顔」です。**仏教の創始者であるブッダも、弟子たちにはいつも穏やかな笑顔で接していたといいます。

この「和顔」を、「イライラをなくす」ための方法のひとつとして取り入れてもいいと思います。

人は、イライラしていると、そのネガティブな感情が表情に表れてしまうものです。そのため、他人をにらみつけてしまったような顔や怒ったような顔、ムスッとした不愛想な顔になったりもします。

しかし、そのような顔をしていたら、一層イライラが募っていくだけですし、不穏（ふおん）な空気をつくり出してしまいます。

ですから、イライラしたときは、「和顔」の心がけが必要です。

誰かに話しかけたり、あるいは誰かの話を聞いたりするときには、できるだけ「穏やかな笑顔」をたたえるよう心がけます。たとえ内心ではイライラする気持ちがあったとしても、可能な限り「穏やかな笑顔」で接するのです。

「穏やかな笑顔」はまた、自分の心も自然に穏やかにしていきます。すると、本当の「穏やかな笑顔」が生まれていくのです。

「顔の表情」によって、心の状態が変わっていく。

13

「愛語」によって、人に接するようにする

禅に、「愛語（あいご）」という言葉があります。

「愛語」の意味は、「愛情のあふれた、やさしく、穏やかな言葉」です。

人と接するときは、この愛語を心がけるといいでしょう。そうすることによって、自分自身の心が安らいでいくのです。

曹洞宗の開祖である道元（どうげん）は、「**人に接するときは、その人を愛する気持ちを持ち、その愛する気持ちを言葉に表して、やさしく、穏やかに語りかけるのがよい。**決して乱暴な言葉を使ってはいけない。かわいい赤ちゃんに語りかけるように、人に語りかけるのがコツだ。**そのような愛語を心がけることによって、自然に心が安らぎに満ちていく。生きている限り、この愛語を心がけることが大切だ**（意訳）」と述べました。

人は、イライラしてくると、言葉遣いが乱暴になってきます。ちょっとでも思うよ

うにならないことがあると、周りの人たちに乱暴な言葉で当たり散らしてしまうことがあるのです。

その結果、人間関係が悪くなります。また、自分の評価も落としてしまうことにもなるでしょう。それがまた、新たなイライラの原因になってしまうのです。

そのような悪循環に陥らないためにも、日頃から「愛語」を心がけることが大切です。

人間ですから、時に、イライラすることもあると思います。

誰かに乱暴な言葉で文句を言いたくなることもあるでしょう。

しかし、意識して、「愛語」によって人に接するようにするのです。それが「イライラしない」ためのコツになります。

たとえイライラしていても、「愛語」を心がける。

14

5つの「あ」を心がけて、仕事をしていく

平常心を保っていくための5つのコツがあります。
それは、5つの「あ」です。

＊あわてない。
＊あせらない。
＊あきない。
＊あきらめない。
＊ありがとう。

です。

予想外のアクシデントがあっても**「あわてない」**ということです。
思いどおりにならない事態に直面しても、早く解決しなければなどと**「あせらない」**

ことです。

また、面倒なことをやらなければならないことがあっても、**「あきない」**ようにします。

成功になかなか手が届かなくても、**「あきらめない」**ことです。

また、人から叱られたり、クレームを言われたりするような経験をしたとしても、**「いいことを教えてくれてありがとう」**という気持ちを持ちます。

このように5つの「あ」をいつも心がけながら仕事をしていくのです。

そうすることで、感情を乱すことなく、穏やかな気持ちで仕事を続けていくことができます。

集中力を失うことなく働いていくことができるのです。

そして、もちろん、「イライラする」ということもありません。

5つの「あ」で、穏やかな心を保つ。

第7章のまとめ

アタマではわかってるつもり…

いくつ実行してる？リスト

- □ 困難やピンチの局面にこそ自分の器量が試されると知っている
- □ 平常心を保つため、呼吸や姿勢を意識している
- □ 深呼吸をきちんと意識して行っている
- □ 感情的になっているときは物事の判断をしない
- □ 仏像の顔に癒されるのはなぜかを考えたことがある

「イライラしたとき、
平常心を取り戻す
方法を知っている人は
成功する」

第8章

時間の使い方に ゆとりを持つ

chapter

1

どんなに忙しくても、心に余裕を持つ

忙しい仕事に追われて時間にゆとりがなくなってくると、それに伴って気持ちもイライラしてくるものです。

追いつめられたような心境になるからでしょう。

そういう意味では、イライラしないためには、上手な時間の使い方を学ぶのも重要なコツのひとつになると思います。

まず大切なのは、「漠然(ばくぜん)と仕事をしない」ということです。

「真っ先に片づけなければならない仕事は何か」と優先順位を考え、しっかりとしたスケジュールを立てます。

「私は今日、何をするか」「この仕事を、何時までに仕上げるか」といった内容が頭の中で整理されているだけでも、ずいぶん心に余裕ができるものです。

スケジュールを立てる際には、単に頭の中で考えるのではなく、「具体的に書き出す」ほうがいいでしょう。

まず、やるべきことを箇条書きにします。そして、それらに優先順位をつけていきます。「1、2、3」と数字を振っていってもいいでしょう。

それから、それぞれの仕事に、時間割を作ります。「この仕事は○時までに終わらせる。○時から○時までは、この仕事をする」といった具合です。

書き出すことで、客観的に頭の中を眺めることができ、一層頭の中が整理されます。

自分の今やるべきことが明確にわかると、心に余裕が生まれるのです。

大切なのは、どんなに仕事が詰まっていても、心に余裕を持つことです。

心の余裕があれば、イライラすることはないのです。

心に余裕があればイライラしない。

2 「忙しい」には、「心をなくす」という意味がある

「忙しい」の「忙」という文字は、「忄（立心偏）」に「亡」と書きます。

この「忄」という文字は「心」を表します。そして、「亡」は「亡くす」を表します。「なくなる」ということです。

つまり、「忙しい」という言葉には、「心をなくす」という意味があるのです

この「心をなくす」とは、言い換えれば、「心に余裕がなくなる」ということです。すなわち、忙しくなれば忙しくなるほど、心に余裕がなくなっていきます。そして、それが「イライラする」原因になるのです。

しかし、いくら忙しくなっても、意識して心に余裕を持つように工夫していれば、イライラすることもなくなります。

その工夫のひとつに、**「時間の使い方にメリハリをつける」**ということが挙げられ

ます。「集中して仕事をする時間」と「リラックスする時間」のメリハリをつけるのです。

たとえば、午前中に集中して仕事をし、昼休みは仕事から頭を完全に切り離して十分にリラックスしてから午後は再び仕事に集中する、といった具合です。

ときどき、「仕事が忙しいから」という理由で、デスクで仕事をしながら、サンドイッチやおにぎりを食べている人がいます。

これは、あまりよい方法ではありません。昼休みにリラックスできていないために、午後の仕事に集中できなくなります。仕事の効率が悪くなり、結局は、仕事が「押せ押せ」になっていきます。

そのために心に余裕がなくなって、「イライラが止まらなくなる」ということになってしまうのです。

ですから、昼休みはしっかり休養するのがいいと思います。

昼休みは十分に休養する。

3

50分程度仕事に集中したら、気分転換する

人の集中力が持続する時間は、個人差はあるものの、だいたい50分程度だといわれています。

この50分を過ぎると、だんだん集中力が落ちてきます。

「仕事が詰まっていて、忙しくてしょうがない」という理由から、50分を過ぎても、なおもがんばって仕事を続けようとすると、集中力が落ちていきます。それに伴って、ミスもしやすくなり、仕事の効率も悪くなっていきます。

そのために、「気持ちは焦っているが、仕事はあまり進まない」という状況になってしまうのです。そして結果的に、気持ちもイライラしてきます。

仕事は50分続けたら、少し休憩を取るほうがいいのです。

飲み物を飲んで、ちょっとの時間、息抜きをしてもいいでしょう。

窓の外へ目をやって、空や景色を眺めてもいいと思います。

深呼吸をしたり、立ち上がって少し体を動かしたりする方法もあります。

そのようにして気分転換することで、再び集中力が回復するのです。

そうすると、また50分集中して仕事ができます。

したがって、一日の仕事を、「50分集中する→気分転換する→50分集中する→気分転換する→50分集中する→昼休みに十分に休養する→50分集中する→気分転換する」というようなリズムで進めていくほうが仕事の効率のためにはいいのです。これも「時間の使い方にメリハリをつける」ための工夫のひとつです。

そうすることで仕事がはかどり、忙しくても心に余裕が生まれます。

その結果、むやみにイライラすることもなくなるのです。


集中力が持続するのは50分程度である。

4 スケジュールには10分程度の「空白時間」をつくっておく

前項でも述べましたが、人の集中力が持続するのは、だいたい50分程度だといわれています。

仕事のスケジュールを立てる際も、この「50分」という時間をひとつの単位にしてスケジュールを考えていくのがいいでしょう。

「10時〜10時50分は、この仕事に集中する」
「11時〜11時50分に、この仕事を片づける」

といった具合です。

そうすることで、一日の仕事を計画的に、また効率的に仕事を進めていくことができます。どんなに忙しくても、仕事がスムーズに効率的に進んでいるときは、心に余裕を持っていられるものです。ですから、イライラもしません。

「50分単位に仕事のスケジュールを組む」というのも、仕事をスムーズに効率的に進めていくための工夫のひとつなのです。

この際、**ひとつの仕事を終えてから、次の仕事へ移るときには10分程度の空白時間をつくっておくことが大切**です。

「10時〜10時50分はこの仕事、10時50分〜11時40分はあの仕事」というように、予定をギュウギュウ詰めにしないようにします。

「10時〜10時50分はこの仕事、11時〜11時50分があの仕事」という具合に、10分程度の空白時間をつくっておくのです。

それは、**少し仕事から頭を切り離して、気分転換する時間**です。

また、仕事が予定どおりにいかなくなったときに、時間にゆとりを持ってスケジュールを立てておくことで、その場で慌てないで済むのです。

予定をギュウギュウ詰めにしないようにする。

5 「プライベートの時間」がなくなるとイライラしてくる

ある若い女性は、「仕事が忙しくなり、プライベートの時間がなくなるにつれて、気持ちがイライラしてくる」と言います。

彼女にとっての「プライベートの時間」とは、たとえば、つき合っている恋人に会う時間です。好きな読書に使う時間です。スポーツクラブに通うなど趣味を楽しむ時間です。

そのようなプライベートの時間がなくなってしまうと、心が満たされず、イライラが募ってしまいます。

どんなに仕事が好きな人であっても、一日の生活がすべて仕事に占められてしまい、プライベートの時間がなくなってしまえば、精神的に余裕がなくなってしまうものです。

そして、気持ちがイライラした状態になっていくのです。

そういう意味では、プライベートを楽しむ時間もしっかり確保しておくことが大切です。

しかし、その女性は、「なかなか仕事が終わらない」と言います。

そういう場合は、**スケジュールを見直して、「すぐにしなくてはいけない仕事」と「すぐにやらなくてもいい仕事」とに分類してみます。そして、「すぐにやらなくてもいい仕事」を見逃してみるのです。**

忙しくてしょうがない人は、意外と、「すぐにやらなくてもいい仕事」をたくさん抱え込んでしまっている場合が多いようです。

そういう仕事をカットすることで、プライベートを楽しむ時間が生まれます。

「すぐにやらなくてもいい仕事」をカットする。

6 「何か小さなことを断念する」ことを心がける

ドイツの哲学者であるニーチェは、「毎日少なくとも1回、何か小さなことを断念しなければ、その日一日が無駄になる。また、翌日までも駄目（だめ）になるかもしれない（意訳）」と述べました。

この言葉にある「何か小さなことを断念する」とは、仕事においては、「やらなくてもいい仕事をやることを断念する」ことを述べているのではないでしょうか。

前述のとおり、まずはじめに、「やらなくてもいい仕事」を見つけます。

「この資料は作らなくても問題はないだろう」

「今、この仕事をする必要はない」

「この件を調べるのは、時間にゆとりがあるときでもいい」

と考えながらリストアップすると、案外見つかるものです。

そのような**「やらなくてもいい仕事」は、思い切って、やることを断念する**のです。

そうしなければ、プライベートの時間がなくなって、「その日一日が無駄になる」と、ニーチェは指摘しているのです。

そして、「翌日までも駄目になるかもしれない」とも言うのです。

一生懸命になって働き、また、プライベートの時間も十分に楽しんでこそ、「充実した一日」になります。

仕事ばかりで、プライベートの時間がなくなってしまうのでは、一日の生活は「無駄なもの」「駄目なもの」になってしまうのです。

「何か小さな無駄なことを断念する」ということも、イライラしないコツのひとつです。


「今、この仕事をする必要はない」というものを断念する。

7

無駄な仕事は「しない」と決めておく

仕事熱心で、仕事が好きな人ほど、「実際にはやらなくてもいいこと」をスケジュールにどんどん詰め込んでいってしまう傾向があります。

「あれもやらなければ、これもやる必要がある」と、思いつくままに仕事を詰め込んでしまうのです。

たとえば、会議で提案する企画書を作成するとします。

企画書には、裏づけとなる資料をつけておくほうが説得力が高まるだろうと考えます。そこで、資料を集め、資料の解説も書きあげます。

「資料はいろいろな角度から、できるだけ多くのものをつけておくほうが、より説得力が高まるに違いない」と考えてしまう傾向があるのです。

そして、数枚の企画書に、何十ページ分もの資料を添付(てんぷ)するのです。

そのために、企画書はそれほど時間をかけずに書きあげられたとしても、資料を集めたり、整理したり、その解説を書いたりする仕事にたくさんの時間が必要になってしまうのです。

その結果、残業が続き、プライベートの時間がなくなっていくことにもつながります。

企画書に裏づけとなる資料をつけることは大切なことだと思います。しかし、必ずしも、添付する資料が多ければ多いほど説得力が高まる、というわけではありません。「これは大事だ」という資料を1つか2つ添付し、そのほかの**無駄な仕事は「しない」と見逃すことも大切**ではないでしょうか。

そうしないと、いくら時間があっても仕事が終わりません。プライベートを楽しむ時間がなくなって、気持ちがイライラしてくるばかりだと思います。

無駄な仕事を分別できる人はイライラしない。

8 心身を休めることができる日は、しっかりと休む

中国の思想書『菜根譚』には、

「忙しくなったときに、イライラしたり慌てたりしないためには、時間にゆとりがあるときにしっかりと心身を養っておくことが重要だ（意訳）」

という言葉があります。

この言葉にある「心身を養う」とは、「十分に休養して、疲労感やストレスを取り除く」ことを示しています。

つまり、**「時間にゆとりがあるときにはしっかりと休養し、心身から疲労感やストレスを取り除くことを心がけている人は、忙しくなったとしても、イライラしたり、慌てたりすることはない」**と指摘しているのです。

「時間にゆとりがあるときにしっかりと心身を養う」とは、たとえば、仕事を終えて

からの時間の過ごし方です。

終業時間を過ぎても、残業しなければならない日もあると思います。しかし、そうでないならば、できるだけ早く退社して、プライベートを楽しむ時間も十分に確保しておくことが大切です。

また、休日にはしっかりと心身を休め、音楽を聴いたり、自然がある場所へ行ったり、スポーツを楽しんだりして、十分にリフレッシュすることです。

時に、仕事を自宅に持ち帰って、休日にも家で仕事を片づけようとする人もいるかもしれません。しかし、それでは、しっかりと心身を養うことにはなりません。その結果、休日を終えて出勤の日になっても疲労が残っていることが災いし、仕事が思うように進まない、ということになりかねません。

休日には、しっかり休養を取るのが重要です。

仕事と休日のメリハリをつける。

9 「ライフ・アンド・ワーク・バランス」を大切にしていく

「ライフ・アンド・ワーク・バランス」という言葉があります。

「生活と仕事の調和」という意味です。

この言葉にある「生活（ライフ）」とは、「プライベートの生活」を指します。

家族と団らんしたり、友だちと会ったり、音楽を聴いたり、趣味を楽しんだり、スポーツをしたり、旅行をしたりする時間のことです。また、本を読んで教養を深めたり、あるいは美術館などで芸術を鑑賞したりすることです。

そのような**プライベートを楽しむ生活と働きがいを持って仕事をする生活を、バランスよく調和させていくことが「充実した人生」につながっていく**のです。これが「ライフ・アンド・ワーク・バランス」の考え方です。

ただ働いてばかりで、プライベートを楽しむ時間がなくなってしまうのでは、幸福感が生まれないかもしれません。

ただひたすら働けば、収入は増え、会社での地位は上がっていくかもしれませんが、そのためにプライベートを楽しむ時間がなくなってしまうのでは、虚しい人生になってしまうかもしれません。

ですから、プライベートを楽しむということにも、熱心に仕事をするのと同様に、情熱を傾けるほうがいいと思います。

将来は、「ライフ・アンド・ワーク・バランス」は、一層大切な生き方の指針のひとつになっていくと思います。

この**「仕事ばかりではなく、プライベートの充実も大切だ」という考え方も、「イライラしない」ためのヒント**を与えてくれると思います。

「生活」と「仕事」をバランスよく調和させる。

第8章のまとめ

アタマではわかってるつもり…

いくつ実行してる?リスト

- □ 「今日、自分がすべき仕事」を把握している
- □ 昼休みはきちんと休んでいる
- □ 人の集中力が持続するのは50分くらいと知っている
- □ 「やるべき仕事」「やらなくてもいい仕事」をしっかり分けている
- □ 疲労感やストレスをためないよう、休日はちゃんと休んでいる

「心に余裕があれば
イライラしない」

第９章

今に満足する気持ちを持つ

1

「欲張りすぎ」が、イライラを生み出してしまう

職場で「イライラしない」ためには、「欲張らない」ということも大切な要件のひとつになります。

職場で働く人たちの多くは、

「もっと多くの収入がほしい」

「もっと偉くなりたい」

「もっと称賛されたい」

と願うものだと思います。

もちろん、そのような願いを持つことは悪いことではありません。仕事への意欲を高め、向上心をもたらすという面もあるからです。

しかし、あまり欲張りすぎてはいけません。

というのも、往々にして、仕事も人生も、思いどおりにはいかないものだからです。

たとえば、「もっともっと多くの収入がほしい」と欲張っても、思いどおりには収入は増えていかないでしょう。

たとえ多少収入が増えたとしても、あまり欲張りすぎてしまえば、多少収入が増えたことにすら満足できないと思います。

そのために、「どうしてなんだ」とイライラした気持ちが生まれてきてしまうのです。

そして、そのために仕事へのやる気を失うことにもなりかねません。

つまり、**「適度な欲望」ならばいいものの、それが「欲張り」にならないように注意する**ことが大切です。


「適度な欲望」を持ち続けるのがいい。

2 イライラが心臓病の原因になる？

アメリカの心臓病の医師だったフリードマンとローゼンマンという人物が、興味深い発見をしました。

40代前後のいわゆる中年世代で心臓病にかかる人には、性格的にある共通点があることに気づいたのです。

その共通点とは、次のようなものです

＊負けず嫌いである。競争心が人一倍強い。
＊成功欲、出世欲が強い、やり手である。
＊人一倍仕事熱心で、何事にも一生懸命である。
＊せっかちで、短気。「早く結果を出したい」という思いが強い。
＊多忙で、常に時間に追われている。

フリードマンとローゼンマンは、このような性格を「タイプA」と名づけました。この言葉にある「A」は、「アグレッシブ」という英語の頭文字です。「アグレッシブ」には、「積極的」といった意味があります。

この「タイプA」という性格の持ち主は、会社ではしばしば「有能な、やり手の社員」です。「仕事熱心で前途有望な社員」です。そんな有能な人物に、なぜ心臓病にかかってしまう人がよくいるのかといえば、そこには過剰なストレスが関係しているのです。

有能な人物に限って、「もっと出世したい」「早く結果を出したい」という強い欲望にとらわれてしまうことがあります。そのために日常的にイライラしながら仕事をしていることが多いのです。そのストレスが心臓に強い負担となって、ある日突然心筋梗塞（こうそく）などの病気を引き起こしてしまう場合があるのです。

やり手の社員ほど、過重なストレスに苦しむ。

3

「ありのままの人」は、イライラすることがない

「欲張りすぎ」は、「イライラ」を増幅させます。

そして、そのストレスが、さまざまな病気の原因になってしまうことがあります。

心臓病をはじめ、高血圧や胃痛、睡眠障害など、何らかの形でストレスが関係しているような病気がたくさんあるのです。

そういう意味では、**「上昇志向があり能力に恵まれた人」ほど、注意しておく必要がある**と思います。

というのも、日常的に強いイライラを溜め込んでいる場合が多いからです。

ところが一方で、性格的に、そのようなストレス性の病気になりにくい人がいることも知られています。

その性格的な特徴とは、次のようなものです。

＊穏やかで、広やかな気持ちを持つ。

＊あまり怒ったりしない。感情的にならない。

＊無理をしない。マイペースである。

＊ありのままの姿で、自然に生きる。

＊しゃべり方や行動がゆったりしている。

このような性格の特徴は、前で述べた「タイプA」に対し、「タイプB」と呼ばれています。

この言葉にある「B」は、英語の「ビーイング」の頭文字です。

「ビーイング」には、「ありのままに。自然に」といった意味があります。

つまり、あまり焦らず、ありのままに生きていくことを優先する人の性格です。実はそのような性格が、「イライラしない」ということにつながるのです。

欲張らずに、マイペースで生きていくのがいい。

4 「ゆったりと、自分のペースで」がいい

「足る(た)を知る」という言葉があります。

これは、「満足することを知る」という意味を表しています。

古代中国の老子は、「禍(わざわい)というものは、満足することを知らないから生じることが多い。過(あやま)ちというものは、もっと多くのものを得たいという欲望から生じてしまうことが多い。したがって、ありのままの現実に満足して生きていくことが大切だ（意訳）」と述べました。

ありのままの現実に満足することをせず、「もっと出世したい。もっと収入を増やしたい」といった欲望を強く持ちすぎると、「イライラが止まらなくなる」という「禍」を受けてしまうことにもなりかねないのです。

イライラが高じていって、やがてストレス性の病気になってしまうという「過ち」

を被ってしまうことになるケースもあるのです。

ですから、安らかな気持ちで幸せに生きていくためには、「足るを知る」つまり「満足することを知る」ということが大切だ、と老子は指摘しているのです。

会社で働く人たちにとっても、**今の仕事、今の地位、今の収入に、まずは満足する気持ちを持つこと**です。

そのうえで、**あまり欲張らず、先を急がずに、一歩一歩少しずつステップアップしていくことを考えるほうがいい**と思います。無理することなく、ゆったりとした気持ちを持ちながら、自分のペースで仕事を進めていくほうがイライラしない生き方になります。

「自分のペース」とはいっても、実際の仕事の現場では難しい面もあるかもしれませんが、できるだけ「自分のペース」を心がけておくことは大切だと思います。

「ありのままに生きる人」は、イライラしない。

5 欲張ると「今持っている宝」を失うことになる

『イソップ物語』に、「金の卵を産むメンドリ」という話があります。

ある男性が、金の卵を産む美しいメンドリを飼っていました。

彼は、「このメンドリは、どうして金の卵を産むことができるのだろうか？」と疑問に思っていました。

そして、彼は、「このメンドリのおなかの中には、金の卵よりももっと大きな金の塊（かたまり）があるからに違いない」と思い至りました。

そのとき、彼の心に欲望が生じました。

彼は、「このメンドリを殺して、おなかを割（さ）いて、その金の塊を取り出してやろう。そうすれば、手早く大金持ちになれる」と考えたのです。

しかし、そのメンドリのおなかからは金の塊が見つかりませんでした。そのメンドリのおなかの中は、普通のメンドリとまったく変わらないものだったのです。

彼は、「メンドリを殺さずに、そのまま大切に飼っていれば、これからもずっと金の卵を産み続けてくれていただろうに」と嘆(なげ)きました。

この話は、「今持っているものに満足し、むやみに欲張ってはいけない」ことを教えているのです。

「今持っているもの」とは、「金の卵を産むメンドリ」です。

しかし、彼は、「もっと大きな金の塊がほしい」と欲張ってしまったために、今持っている「金の卵を産むメンドリ」という宝まで失うことになったのです。

職場で働く人にとっても、**あまり欲張ってしまうと、せっかく「今持っている宝」を失うことになってしまうかもしれません。その「宝」とは、「今の健康」「今の地位」「今の収入」「今の人間関係」といったものです。**

「今持っているもの」に満足し大切にしていく。

6 「〜もある」思考で生きていくのがいい

たとえば、今、2人の人が2つのリンゴを持っているとします。

ある人は、「リンゴが2つしかない」と物足りない気持ちになります。

しかし、別の人は、「リンゴが2つもある」と満足します。

この2人にとって、人生の幸福感は大きく異なってきます。

前者の「〜しかない」と考える人は、いわば「足ることを知らない人」です。

今持っているものに満足できず、不満を溜め込みイライラしながら生きていることも考えられます。

これに対して、**「〜もある」と考えることができる人は、「足ることを知る人」**といえます。今自分が持っているものに満足している人です。

仕事の場でも、「〜しかない」と考えてしまうタイプの人と、「〜もある」と考えるタイプの人がいます。

たとえば、やりがいのある仕事と、楽しく生活できるだけの収入があるのにもかかわらず、「こんな低い地位では満足できない。どうして会社は、私に高い地位を与えてくれないのか。会社は私を信用していないのか」と、不満を溜め込んでしまう人がいます。「〜しかない」タイプの人です。

こういうタイプの人は、イライラするばかりで、働くことに充実感や幸福感を得ることはできないでしょう。

一方で、「私にはやりがいのある仕事がある。十分な収入もある」と、今あるものに満足することができる人がいます。

このような**「〜もある」タイプの人は、一生懸命仕事に打ち込むことができ、結果的に地位も上昇していく**と思います。

「〜しかない」思考の人は、イライラを溜め込んでいく。

7 人と自分を見比べてイライラしないようにする

会社は、たくさんの人が集まって仕事をしています。

また、そこには、お互いにライバル意識が強く働いている場合もあります。

このような環境では、人はともすると「人と自分を見比べてしまう」ということをしてしまいがちです。

たとえば、上司が、「最近、がんばっているな。期待しているよ」と同僚の1人をほめているところを見たとします。

そうすると、そんな同僚と自分とを見比べて、「どうして、あの同僚だけが上司からほめられるんだ。私だってがんばっているのに、どうして上司は私をほめてくれないんだ」と、イライラする気持ちをどうしても抑えられなくなってしまうのです。

そして、そのイライラにとらわれるがあまり、仕事へのやる気を失っていくということにもなってしまうかもしれません。

このように、安易に人と自分とを見比べてしまうと、そこには妬(ねた)み、嫉妬、怒り、そしてイライラといったネガティブな感情が次々に生まれてきます。ネガティブな感情はその人を落ち込ませ、仕事への意欲を奪っていくことになるのです。だからこそ、安易に人と自分を見比べてしまわないように意識しておくことが大切です。

この思考から脱するには、**今、自分がやるべきことだけに気持ちを集中する**ことです。そして、他人が会社の中でどう評価されているかは、あまり意識しないようにすることです。

それが結果的に、自分に明るい未来をもたらしてくれます。

自分がやるべきことに集中する。

8

見比べるから、人が羨ましく思えてくる

「隣の芝生は青い」ということわざがあります。

「隣の芝生のほうが、自分の家の芝生よりも青々として見える」という意味です。

実際には、隣の芝生の色も自分の家の芝生の色も、それほど変わりないのです。

にもかかわらず、「隣の芝生のほうが青く見えてしまう」のです。

なぜかといえば「見比べている」からなのです。

「人と人」も同じです。

人と自分を見比べてしまうと、往々にして、「他人のほうが自分よりも恵まれている」ように思えてきてしまいます。

「他人のほうが自分よりも高く評価されている」「他人のほうが自分よりも待遇がいい」と思えてきます。

実際には、自分自身も高く評価され、よい待遇も受けているのですが、それに気づくことができなくなります。

そこには、人を羨ましく思う気持ちが生まれています。

また、「私ももっと高く評価されたい」「私ももっとよい待遇を得たい」という欲望が生まれています。

そして、**その欲望が思うように満たされないことになれば、不満やイライラした感情が生まれてくる**のです。

「隣の芝生は青い」ということわざは、言い換えれば、「他人と自分を見比べないほうがいい」という意味を表しているともいえます。

やはり、人と比べずに自分がやるべきことに集中することが大切です。

人を羨むより、自分のことに専念する。

9 「人は人、自分は自分」と割り切って生きる

禅の言葉に、「吾道一を以って之を貫く」というものがあります。

この言葉にある「吾道」とは、「私の生き方」ということです。

禅語でいう「一」には、さまざまな解釈があります。

「すべてのこと」「絶対的な真実」「すべての現象の根源」という意味のほか、「自己」という意味もあります。

ここでは、「自己」ということとして理解し、「私ならではの生き方」「私らしい生き方」と解釈します。

すなわち、「吾道一を以って之を貫く」とは、「私の生き方とは、私らしい生き方を貫くこと」です。

言い換えれば、**「人と自分を見比べて、あれこれ考えても意味がない」**と指摘して

いるのです。

「人は人、自分は自分」と割り切って、他人のことは気にせずに、自分がやるべきことに専念していけばいいのです。

そのように「自己」というものをしっかりと見つめ、「自分がやるべきこと」を見失うことなく生きていってこそ、大きなことを成し遂げられるのです。

また、雑念に振り回されることなく、落ち着いた気持ちで、しっかりと生きていけるのです。

この禅語は、イライラを避けるために、参考になる言葉だと思います。

「私の生き方とは、私らしい生き方を貫くこと」と思う。

10

「大きなゾウ」のように悠々と生きていく

禅に、「大象は、兎径に遊ばず」という言葉があります。

「大象」とは「大きなゾウ」のことで、「偉大な人物」の比喩です。

また、「兎径」の「兎」は「ウサギ」、「径」は「道」を表し、「兎径」とは、「ウサギが通る道」となります。

ここでの「ウサギ」は、ゾウに比べて「小さな存在」を意味しています。「大象」が「偉大な人物」ならば、「ウサギ」はいわば「人間性の小さな人」「つまらないことしかできない人間」を指しているのです。

また、「遊ぶ」とは、ここでは、「行く」「生きていく」という意味と理解すればいいでしょう。

したがって、「大象は、兎径に遊ばず」という禅語は、「偉大な人間は、ウサギが通るような狭い道を行くことはない。偉大な人間にふさわしい広い道を悠々と進んでいく。一方で、つまらない人間は、ウサギが通るような狭い道を、セカセカと慌てふためくようにして進んでいく」という意味になります。

この禅語は、人間は「大きなゾウ」のように、**小さなことに慌てたり、イライラしたり、クヨクヨしたりすることなく、大らかな心で悠々と生きていくことが大切だ、**ということを指摘しています。

言い換えれば、**そのように大らかな心で悠々と生きていくことで大きなことを成し遂げられる**ということです。

その結果、「偉大な人間」になれるのです。

「小さな人間」にならない、「大きな人間」になる。

第9章のまとめ

アタマではわかってるつもり…

いくつ実行してる？リスト

- □ 「適度な欲望」と「欲張り」の違いをわかっている
- □ 地位、収入、仕事内容など「今持っているもの」を大切にしている
- □ 「〜しかない」と考えず、「〜もある」とポジティブにとらえるようにしている
- □ 今やるべきことに気持ちを集中させている
- □ 他人と自分とを見比べても意味がないことを知っている

「おおらかな気持ちでいることが成功のコツ」

サッ
サッ
ポン
サッ
スッキリ！

植西 聰（うえにし・あきら）

著述家。東京都出身。学習院大学卒業後、資生堂に勤務。独立後、人生論の研究に従事。独自の「成心学」理論を確立し、人々を明るく元気づける著述を開始。95年、産業カウンセラー（労働大臣認定資格）を取得。著書は『折れない心をつくるたった１つの習慣』（青春出版社）、『平常心のコツ』（自由国民社）、『眠る前に１分間ください。明日、かならず「良いこと」が起こります』（キノブックス）など多数。

職場のイライラをすっきりなくす本

2018年5月31日　第１刷発行

著　者　植西 聰
発行者　山本雅弘
発行所　株式会社ウェッジ
〒101-0052　東京都千代田区神田小川町1-3-1
NBF小川町ビルディング3階
電話：03-5280-0528　FAX：03-5217-2661
http://www.wedge.co.jp　振替00160-2-410636

装丁　井上新八
本文デザイン・DTP　工藤公洋
カバーイラスト　金安 亮
本文イラスト　辻井タカヒロ
印刷・製本所　図書印刷株式会社

ISBN 978-4-86310-202-6　C0036